# 차례

**프롤로그**
**도전! 의사 체험** ································· 9

**1화  진료하기** ································· 19

노랭이의 검색창  1차 의료 기관과 2, 3차 의료 기관 ·········· 37
강호이의 호기심  의사의 가운은 왜 흰색일까요? ············· 38

**2화  검사하기** ································· 39

강호이의 호기심  엑스레이는 어떻게 발견되었을까요? ······· 65
뿌독이 놀이터  직업 도구 찾기, 십자말 풀이 ················ 66

**3화  응급 환자 발생!** ························ 69

노랭이의 검색창  의사와 함께 일하는 사람들 ················ 94
강호이의 호기심  응급 처치 방법을 배워 볼까요? ············ 96

| 4화 | 공부하기 | 97 |

- 강호이의 호기심 의사가 되려면 어떻게 해야 하나요? ......... 120
- 뿌독이 놀이터 다른 그림 찾기, 사다리 타기 ............... 122

| 5화 | 수술실에서 | 125 |

- 노랭이의 검색창 수술실에서 사용하는 도구 ............ 150
- 강호이의 호기심 의사의 수술복은 왜 청색일까요? ......... 151
- 역사 속 훌륭한 의사들 ............................. 152

| 에필로그 | 153 |

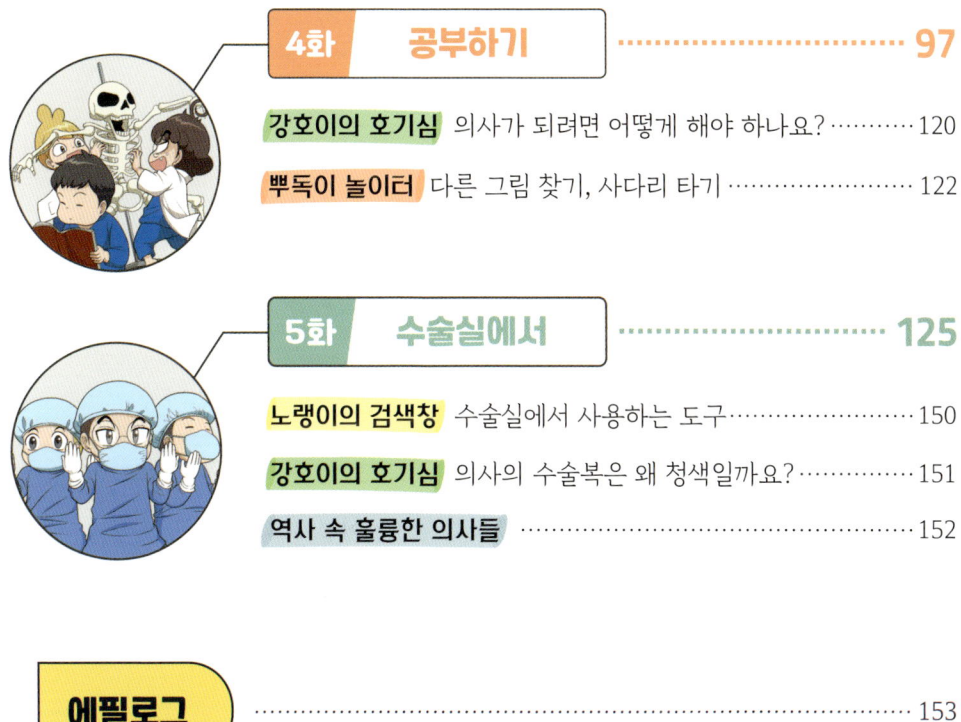

# 등장인물

### 강호이

직업 체험을 이끌어 나가는 파뿌리의 실질적 리더! 어떤 상황이 닥치더라도 긍정적으로 생각하려 노력하며, 의사 체험을 하면서 의사가 가진 사명감에 감동받는다.

### 진렬이

투덜거리면서도 주어진 상황에 언제나 열심인 열혈 인물! 다친 환자를 보며 겁을 먹기도 하지만 최선을 다해 바쁘게 처치하는 의사 선생님들을 돕는다.

## 노랭이

의사 체험의 숨은 공신! 응급실에서 싸움이 난 환자들을 말리고, 친구들이 체험을 잘 해냈을 때 용기를 북돋아 준다.

## 뿌독몬

강호이 덕분에 나쁜 요정의 저주에서 풀려난 귀여운 요정! 파뿌리가 의사 체험을 할 수 있도록 돕는다. 갑자기 팡! 튀어나와 파뿌리를 놀라게 한다.

# 직업 소개

## 의사는 어떤 일을 할까요?

의사는 환자들의 아픈 곳을 낫게 해 주는 것을 직업으로 삼는 사람이에요. 우선 병원에 환자들이 찾아오면 의사는 환자가 어디가 불편하고 아픈지 알아보기 위해 환자의 말을 경청합니다. 그리고 체온계와 혈압계, 청진기 등으로 환자의 상태를 진찰합니다. 이를 바탕으로 의학적 지식을 활용해 진단을 내리고, 약을 처방하지요. 간단한 진찰로 병의 원인을 찾지 못할 때는 여러 검사를 진행하기도 해요. 혈액 검사, 소변 검사, 엑스레이 검사 등을 통해 병의 원인을 찾습니다. 수술이 필요할 때는 직접 수술을 하기도 해요. 다시 병이 재발되지 않도록 환자나 환자의 가족에게 주의 사항을 설명하는 것도 의사의 역할입니다.

의사는 병을 낫게 하는 일 이외에 병이 생기기 전, 건강을 돌볼 수 있게 도와주는 역할도 해요. 예방 주사와 같은 백신을 처방하기도 하고, 건강해질 수 있는 음식을 권장하기도 한답니다.

모든 의사가 병원에서만 일하는 건 아니에요. 의료 혜택을 받기 힘든 오지나 전쟁, 전염병, 지진 같은 재해로 인해 의료가 필요한 곳에 가서 구호 활동을 하기도 하지요. 그리고 의과 대학에서 교수로 일하면서 또 다른 의사를 키우거나 보건복지부와 같은 정부 기관에서 일하면서 보건의료 정책을 주관하기도 합니다.

## 의사의 종류

### 1. 일반의
의과 대학이나 의학 전문 대학원을 졸업하고 의사 국가 시험에 합격하면 의사 면허증을 받고 일반의가 됩니다. 그러면 의사로서 활동을 할 수 있게 되지요. 내과, 피부과, 이비인후과 등 여러 분야의 질병을 진료할 수 있어요.

### 2. 전공의
수련 병원에서 전문의 자격을 얻기 위해 수련을 받는 의사를 말해요. 1년간의 인턴 과정을 거친 의사로, 레지던트라 부르기도 합니다. 각 전문 분야의 전문의 자격을 얻기 위해서 총 4년 동안 수련을 하게 됩니다.

### 3. 전문의
위의 과정을 모두 거친 후 전문의 시험을 통과하면 전문의가 됩니다. 전문의는 전문 진료 과목 병원을 열거나 대학 병원에 남아 전공의 과정을 시작합니다.

의사는 수련 과정에 따라 여러 종류로 나뉜답니다.

# 직업 체험 신청서

※파부리를 따라 직업 체험 신청서를 써 봅시다.

| 이름 | | 학년 / 반 | |
|---|---|---|---|
| 체험 신청 직업 | | | |
| 필요한 마음가짐 |  성실한 학업 태도 |  의사소통 능력과 공감 능력 | |
| |  판단력과 분석력 |  직업에 대한 사명감과 책임감 | |

준비됐으면 의사 체험을 시작해 볼까?!

# 프롤로그
# 도전! 의사 체험

### <히포크라테스>

히포크라테스는 고대 그리스 시기에 활동했던 의사예요. 당시 사람들은 질병이 신의 형벌이라 여겨서 병을 고치기 위해서는 신에게 기도를 해야 한다고 생각했지요. 히포크라테스는 이러한 사람들의 생각을 바꾼 사람이에요. 많은 지역을 돌아다니며 환자들을 치료하면서 병을 학문적으로 연구하고, 의사의 윤리적 의무를 강조했어요. 이는 의학의 큰 발전을 가져왔고, 오늘날까지 히포크라테스는 의학의 아버지로 불리며 존경받는답니다.

### <제네바 선언의 히포크라테스 선서문>

히포크라테스는 윤리적 지침을 담아 '히포크라테스 선서문'을 만들었어요. 현재는 이 선서문을 오늘날에 맞게 수정한 '제네바 선언'을 낭독한답니다.

> 이제 의업에 종사하는 일원으로서 인정받는 이 순간, 나의 생애를 인류 봉사에 바칠 것을 엄숙히 서약하노라.
>
> · 나의 은사에 대하여 존경과 감사를 드리겠노라.
> · 나의 양심과 위엄으로서 의술을 베풀겠노라.
> · 나의 환자의 건강과 생명을 첫째로 생각하겠노라.
> · 나는 환자가 알려 준 모든 내정의 비밀을 지키겠노라.
> · 나의 위업의 고귀한 전통과 명예를 유지하겠노라.
> · 나는 동업자를 형제처럼 생각하겠노라.
> · 나는 인종, 종교, 국적, 정당, 정파 또는 사회적 지위 여하를 초월하여 오직 환자에 대한 나의 의무를 지키겠노라.
> · 나는 인간의 생명을 수태*된 때로부터 지상의 것으로 존중히 여기겠노라.
> · 비록 위협을 당할지라도 나의 지식을 인도에 어긋나게 쓰지 않겠노라.
>
> 이상의 서약을 나의 자유 의사로 나의 명예를 받들어 하노라.

*수태: 아이를 배다.

# 1화
# 진료하기

라고 말하고 싶지만, 참는다!

잊지 말자! 모든 정보는 환자에게서 나온다는 걸! 잘 달래서 정보를 얻어야 해!

꽈악

환자분?

아, 왜 자꾸 불러요?

휙

어제 뭘 드셨죠?

파앗

*전산화: 어떤 일이 컴퓨터로 처리할 수 있는 상태로 됨.

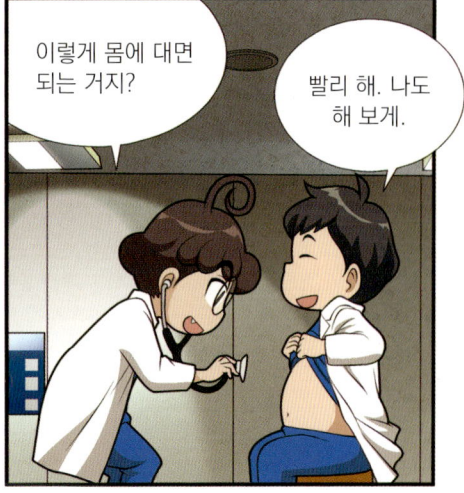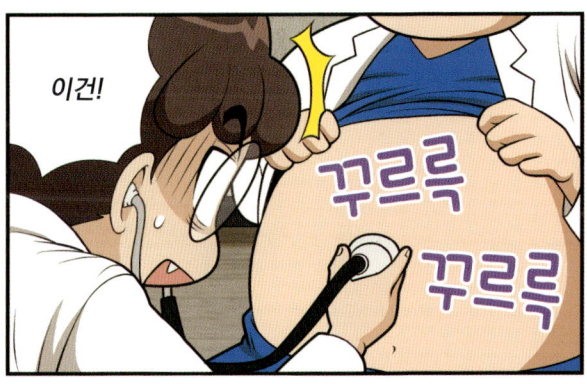

## 진렬이의 직업 노트

### 청진기의 발명

- 1816년, 프랑스의 의사인 르네 라에네크가 발명한 의료 도구.
- 라에네크는 환자를 진료하면서, 노트를 둥글게 말아 가슴에 대고 들으면 몸속의 심장 소리가 크게 들린다는 것을 알게 됨.
- 이러한 원리를 이용해 나무로 된 청진기를 만들었고, 이 도구가 발전해 오늘날의 청진기가 됨.

▲ 르네 라에네크

청진기는 작은 소리를 증폭*시켜
크게 들리게 해 주기 때문에
청진기를 귀에 꽂고 있는 상태로
청진기 소리판에 큰 소리를
지르면 절대 안 됨!

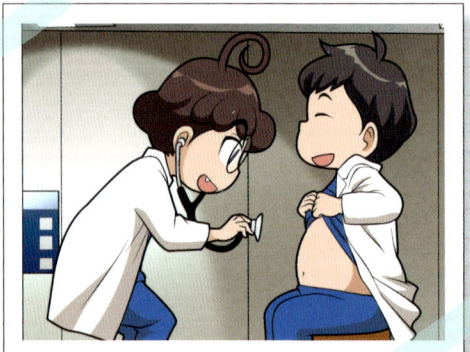

*증폭: 원래의 소리나 전파, 자극 등을 더욱 크게 하다.

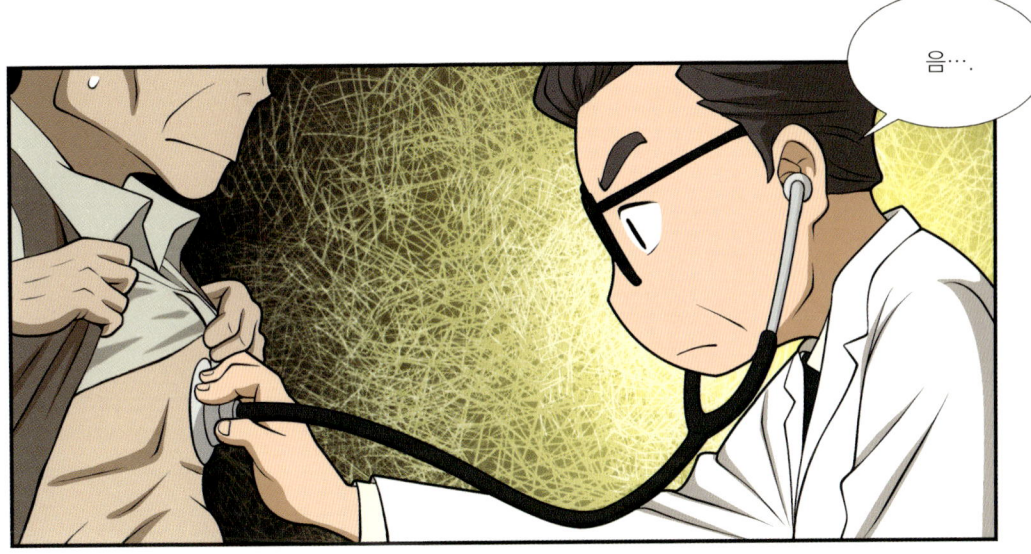

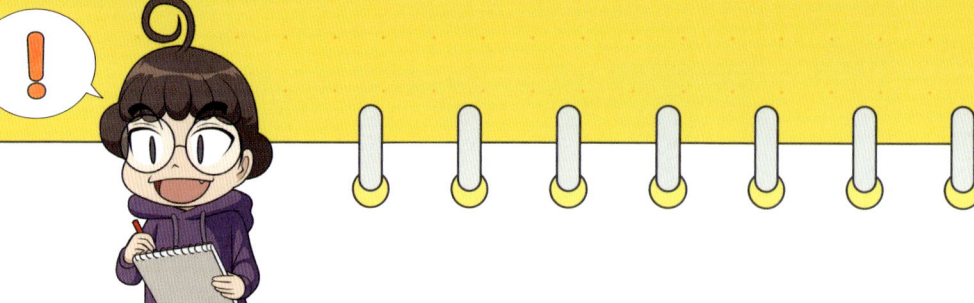

## 진렬이의 직업 노트

### 순환 기관

- 순환: 혈액이 온몸에 도는 과정.
- 순환 기관: 혈액이 지나가는 혈관, 심장.

### 혈관

- 혈액이 이동하는 통로. 가늘고 긴 관 모양으로, 온몸에 퍼져 있음.
- 혈액이 혈관을 따라 돌면서 산소와 영양소를 전달하고, 노폐물과 이산화탄소가 몸 밖으로 빠져나가도록 함.

### 심장

- 성인 주먹만 한 크기로, 사람의 가슴 한가운데에서 약간 왼쪽에 위치함.
- 끊임없이 스스로 수축과 이완을 반복해 혈액이 온몸에 순환될 수 있도록 함.

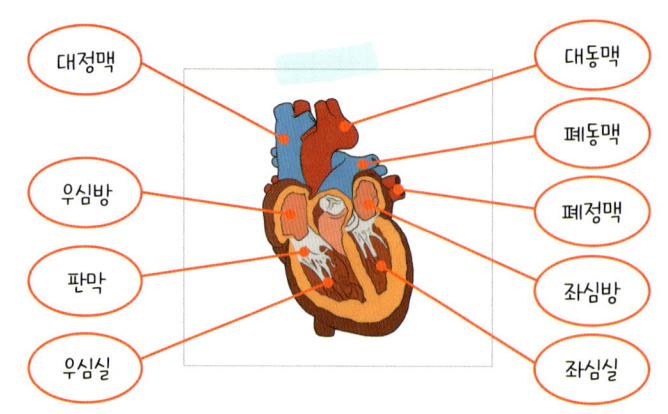

우리 몸을 위해 쉬지 않고 움직이는 심장. 스스로 수축했다가 이완하는 게 너무 신기함!

## 진렬이의 직업 노트

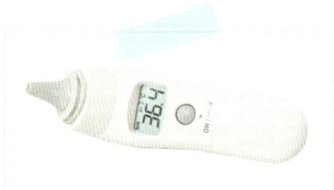

### 체온계
- 환자의 체온을 재는 도구.
- 귓속의 온도를 측정하거나 비접촉으로 이마의 온도를 측정하는 방식 등이 있음.

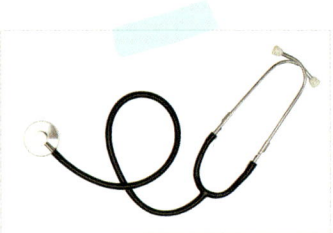

### 청진기
- 환자의 심장 소리와 몸속 소리를 듣기 위한 도구.
- 소리를 크게 증폭시켜 주기 때문에 의사가 몸속의 소리를 듣고 병을 진단할 수 있음.

### 혈압계
- 심장이 피를 밀어낼 때의 압력을 재는 기계.
- 팔에 두른 띠에 공기를 넣어 압박해 일시적으로 혈액의 흐름을 중단시킴. 이후 공기가 빠지면서 순환되기 시작하는 혈액의 흐름으로 혈압을 측정함.

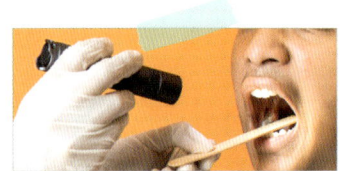

### 의료용 손전등
- 펜 모양의 손전등.
- 의사가 목구멍과 같이 어두운 곳을 볼 때 사용함.

## 노랭이의 검색창

### 1차 의료 기관과 2, 3차 의료 기관

#### 1차 의료 기관

우리가 동네에서 많이 볼 수 있는 병원이에요. 주로 규모가 작고, 1~2명의 의사가 진료하지요. 사람들이 가장 먼저 찾아간다는 의미로 1차 의료 기관이라 불러요. 환자 상태에 따라 전문적인 검사와 치료가 필요할 경우에는 2, 3차 의료 기관으로 환자를 보내 적절한 치료를 받을 수 있도록 도와줍니다.

#### 2, 3차 의료 기관

2차 의료 기관은 입원실이 30병상* 이상 갖춰진 병원이고, 3차 의료 기관은 500병상 이상 마련된 병원입니다. 주로 종합 병원과 대학 병원을 말해요. MRI, CT 등 정밀 검사 장비들을 반드시 갖추고 있어야 하고, 전문적인 외과 수술을 담당하는 곳이기도 하지요. 다양한 진료 과목이 있으며, 그 진료 과목마다 전문의가 있어요.

#### 연관검색어 의원과 병원

의원과 병원은 병상의 수로 구분합니다. 병상의 수가 30개 미만이면 의원, 30개 이상이면 병원이에요. 종합 병원은 100개 이상의 병상과 7개 이상의 진료 과목을 갖춰야 하지요. 병상이 300개가 넘을 경우에는 정신건강의학과와 치과를 포함해 9개 이상의 진료 과목이 있어야 해요. 상급 종합 병원의 경우에는 500개 이상의 병상과 보건복지부에서 정한 인력, 시설, 장비, 교육 여건 등의 조건을 갖춰야 한답니다.

*병상: 입원 환자용 침대.

# 강호이의 호기심

**Q 의사의 가운은 왜 흰색일까요?**

벨트나 띠 없이 길고 헐렁하게 입는 겉옷의 한 종류를 가운이라 부릅니다. 옛날 중세 시대 의사는 검은 가운을 입었어요. 당시에는 성직자가 의사의 역할을 하는 경우가 많았거든요. 그래서 성직자를 상징하는 검은색 가운을 입고 진료를 했던 거지요.

17세기 흑사병이 유럽을 휩쓸었을 때 어떤 의사들은 위생을 위해 검은 가운에 까마귀 같은 가면을 쓰기도 했답니다. 오늘날의 방역 마스크와 비슷한 역할을 했지요. 18세기에는 산업 혁명으로 과학이 발전하면서 흰색 가운을 입는 과학자들이 등장했어요. 흰색은 더러운 것이 묻으면 쉽게 눈에 띄기 때문에 과학자들은 안전을 위해 흰색 가운을 입은 거예요.

의학은 점차 발전하면서 현대 과학의 영역이 됐어요. 병의 원인과 치료를 과학적으로 분석하게 됐거든요. 그래서 과학자들이 실험실에서 입던 옷을 의사들도 입게 되었고, 자연스럽게 의사의 가운은 흰색이 되었답니다.

▲ 17세기 역병 의사의 복장

▲ 현대 의사의 복장

# 2화
# 검사하기

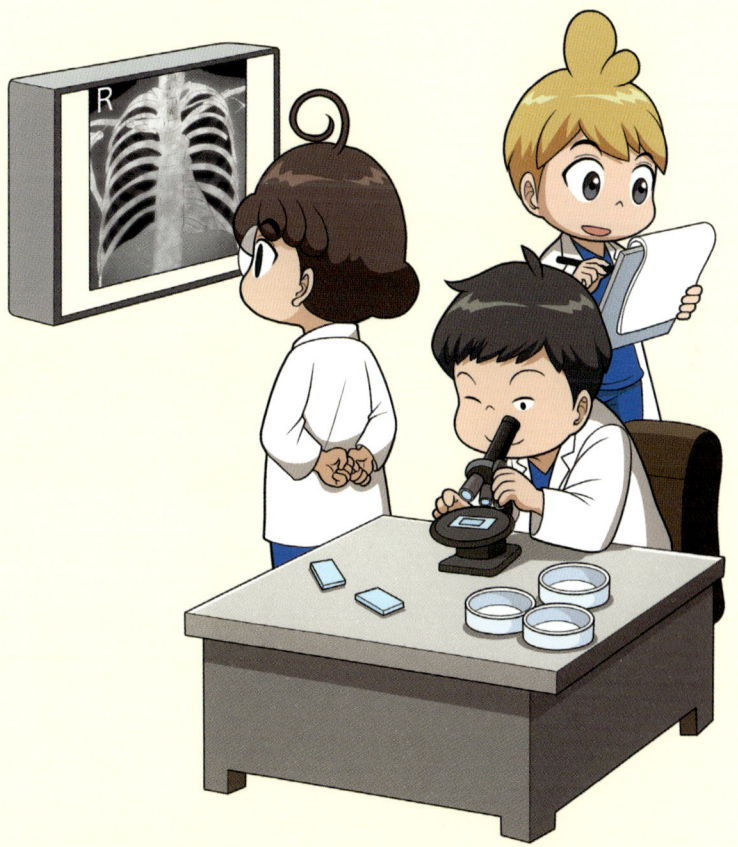

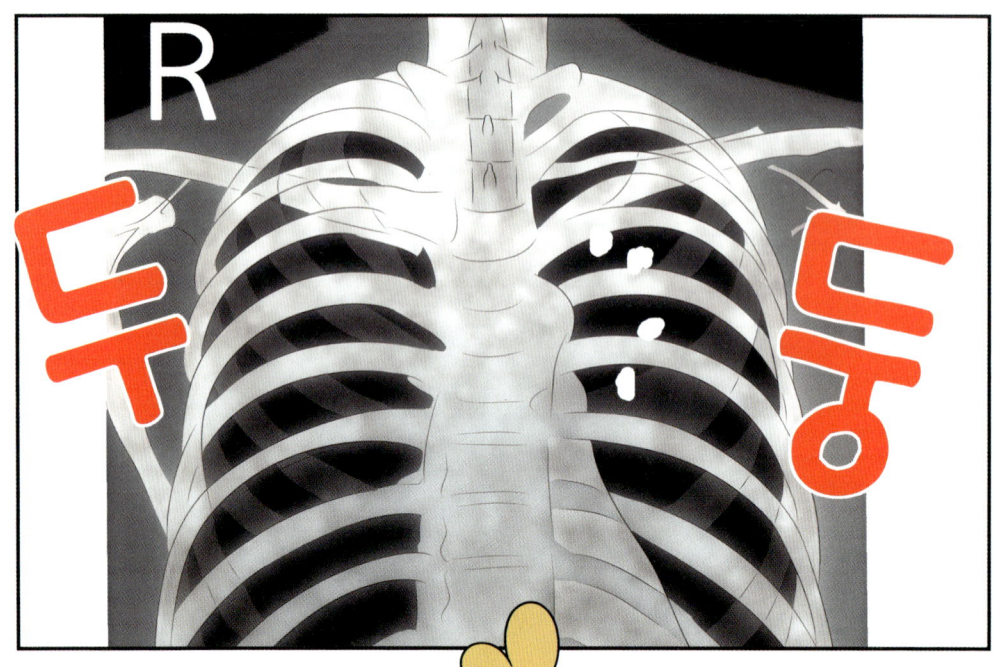

"선생님, 왜 이렇게 어둡게 하고 계세요?"

"어두워야 더 잘 보이니까요."

"이러면 눈 나빠질 거 같은데…."

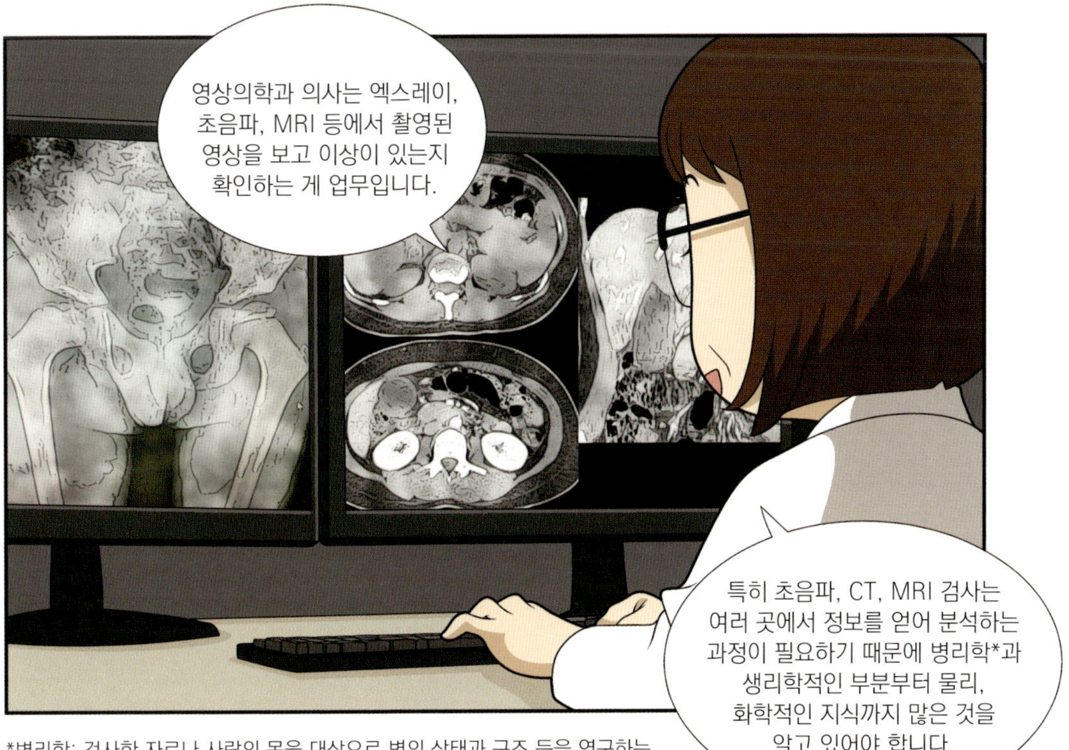

"영상의학과 의사는 엑스레이, 초음파, MRI 등에서 촬영된 영상을 보고 이상이 있는지 확인하는 게 업무입니다."

"특히 초음파, CT, MRI 검사는 여러 곳에서 정보를 얻어 분석하는 과정이 필요하기 때문에 병리학*과 생리학적인 부분부터 물리, 화학적인 지식까지 많은 것을 알고 있어야 합니다."

*병리학: 검사한 자료나 사람의 몸을 대상으로 병의 상태과 구조 등을 연구하는 기초 의학.

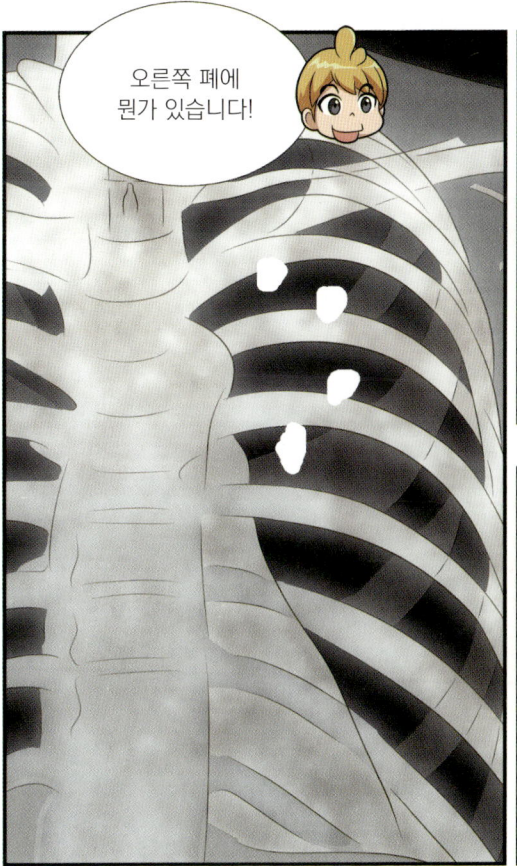

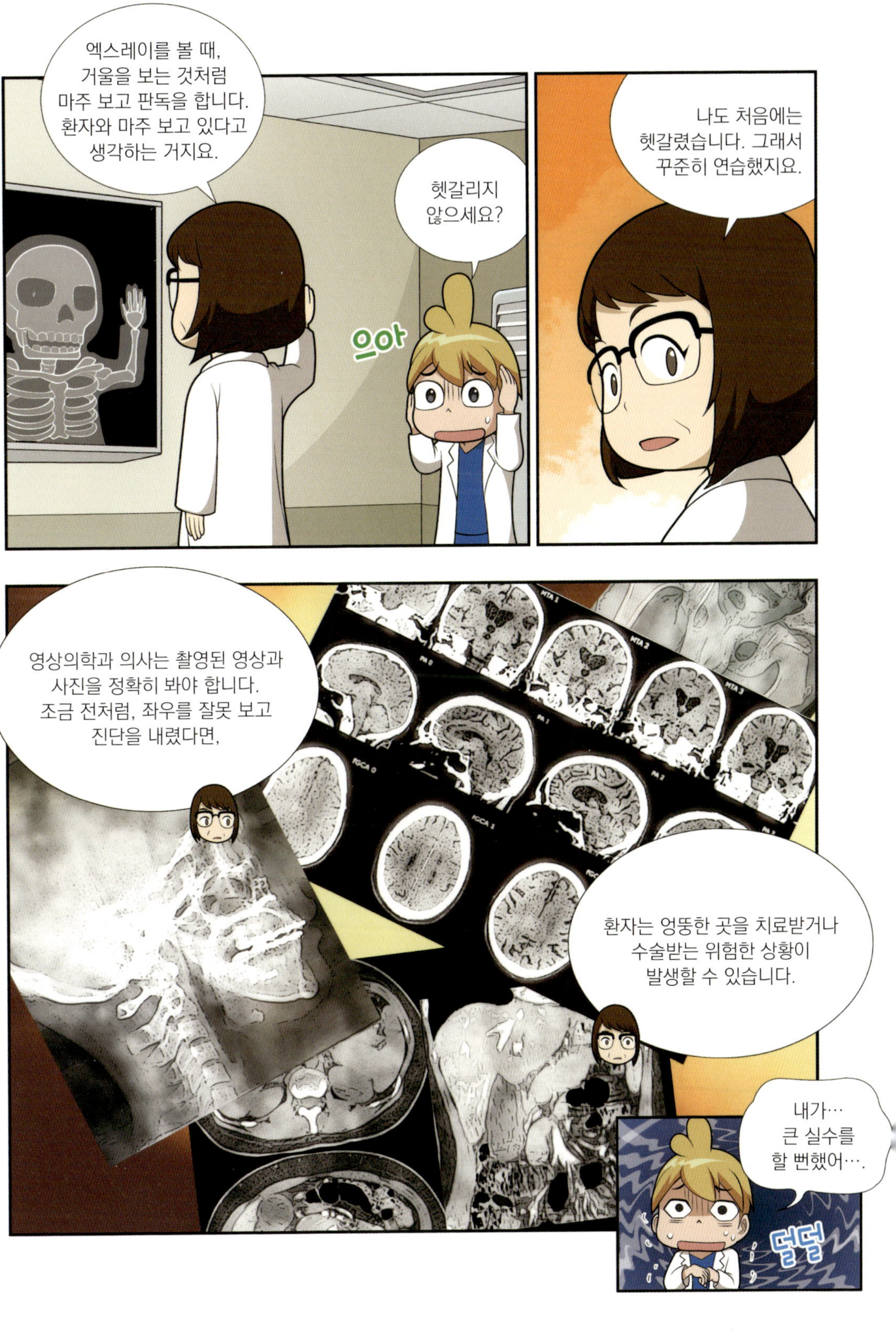

### <엑스레이 보는 법>

엑스레이 사진을 보면 한 쪽 구석에 R, L이라고 표시되어 있어요. R은 오른쪽, L은 왼쪽이라는 뜻이에요. 엑스레이 사진을 볼 때, 의사는 환자와 마주 보듯 보지만 상황에 따라 환자의 등 뒤를 볼 때가 있어요. 그래서 헷갈리지 않기 위해 R과 L로 표시를 한답니다.

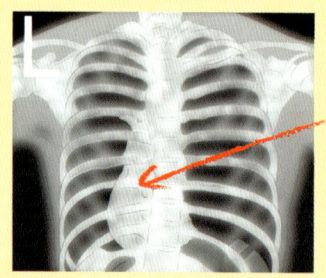

L 표시가 있는 곳이 환자의 왼쪽 몸.
의사가 환자의 등 뒤를 보고 있는 방향.

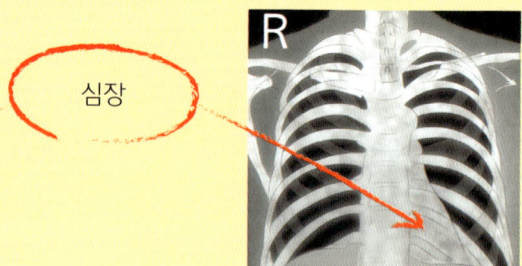

R 표시가 있는 곳이 환자의 오른쪽 몸.
환자와 의사가 마주 보고 있는 방향.

그래도 흉부(가슴) 엑스레이 사진을 볼 때 방향이 헷갈릴 때는 심장의 위치를 확인하면 쉬워요. 심장은 왼쪽에 있기 때문에 심장 위치를 보고 거울을 보는 것처럼 환자와 마주 보고 있는 방향인지, 환자의 등 뒤를 보고 있는 방향인지 알 수 있답니다.

## 진렬이의 직업 노트

### 영상의학과
- 엑스레이, CT, MRI, 초음파 등의 다양한 영상 장비를 이용해 환자를 검사하는 곳.
- 검사를 통해 얻은 영상 자료를 판독해 병을 진단함.

### 영상의학과 검사 종류

- 엑스레이(X-ray)

  X선을 사람의 몸에 통과시켜 촬영하는 검사. 왼쪽과 오른쪽을 구분하기 위해 사진에 L과 R을 표시함. 촬영할 때는 숨을 참고 움직이지 말아야 함.

  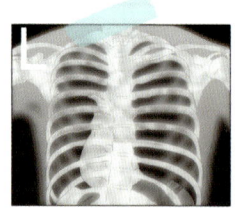 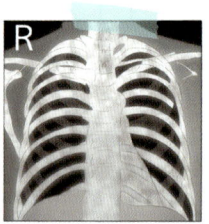

- CT

  X선이 나오는 원형의 큰 기계. CT를 통해 우리 몸을 가로로 자른 단면을 촬영함. '전산화 단층 촬영법'이라고도 부름. 진단의 정확도를 높이기 위해 정맥 주사로 조영제*를 투여함.

  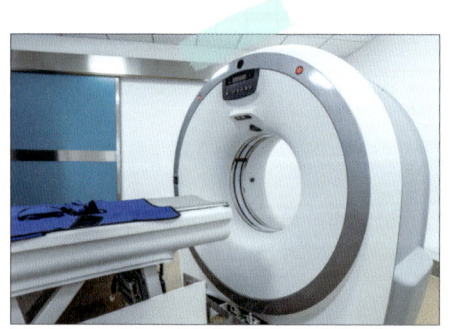

*조영제: 조직의 형태를 더 명확하게 보기 위해 CT 촬영 시 정맥 혈관에 투여하는 약물.

- MRI

    MRI는 CT와 다르게 자기장을 발생시키는 커다란 자석 통 속에 환자를 들어가게 한 후, 고주파를 발생시켜 촬영하는 검사. '자기 공명 영상'이라고도 부름. 몸의 단면을 촬영한다는 점은 CT와 비슷하지만, 환자가 자세를 변경하지 않아도 가로, 세로, 정면 등 다양한 각도에서 여러 정보를 얻을 수 있다는 점이 CT와 다름.

- 초음파

    우리 귀에는 들리지 않는 높은 주파수의 음파를 사람의 몸에 보낸 후, 내부에서 반사되는 음파를 영상화시키는 검사. 검사하고자 하는 장기의 위치에 초음파 기구를 밀착시키면 실시간으로 장기의 움직임을 영상으로 얻을 수 있음.

## 영상의학과 의사

- 여러 영상 검사 자료를 판독해 몸에 어떤 질병이 있는지 찾아내는 의사.
- 영상 검사의 전문가로서 일반 의사가 똑같은 사진을 보았을 때 찾지 못한 문제점을 찾기도 하는 등 치료에 중요한 역할을 함.

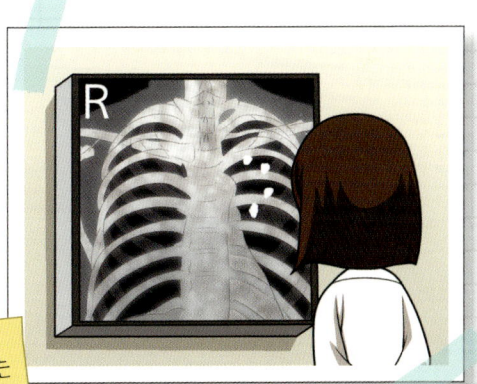

검사 결과를 판독하시는 영상의학과 선생님! 멋있어!

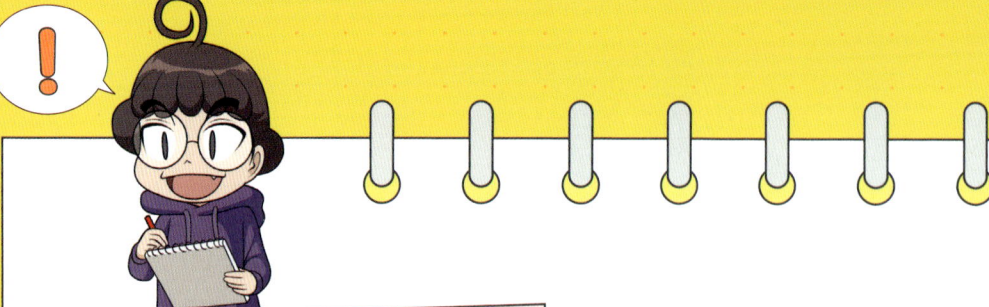

## 진렬이의 직업 노트

### 방사선사

- 의사의 지도에 따라 엑스레이, CT, MRI 등 전문적인 방사선 검사를 진행하는 의료 기사*.
- 검사를 통해 환자의 질병에 대한 진단과 방사선 치료를 진행함.

- **주의 사항**

  방사선사는 여러 영상 기기를 다루기 때문에 의료 분야 직업 중에서 방사선에 노출될 가능성이 제일 높음. 그래서 6~12개월에 한 번씩 정기 검진을 받아야 함.

방사선사는 의료 기사로서 의사 선생님을 도와 검사를 진행하는 중요한 분임을 잊지 말 것!

*의료 기사: 의사의 지도에 따라 진료나 검사를 진행하는 사람.

진단검사의학과는 혈액, 소변, 대변, 가래, 머리카락 등 각종 검체를 검사해서 질병을 알아내는 곳이야.

[혈액]

[소변]

[머리카락]

[대변]

똥도 검사해요?

### <객담 검사>

가래를 검사하는 객담 검사는 호흡기 질환이 있는지 알아보기 위해 필요한 검사예요. 이 검사를 통해 결핵이나 폐렴, 폐암 등을 발견할 수 있어요.

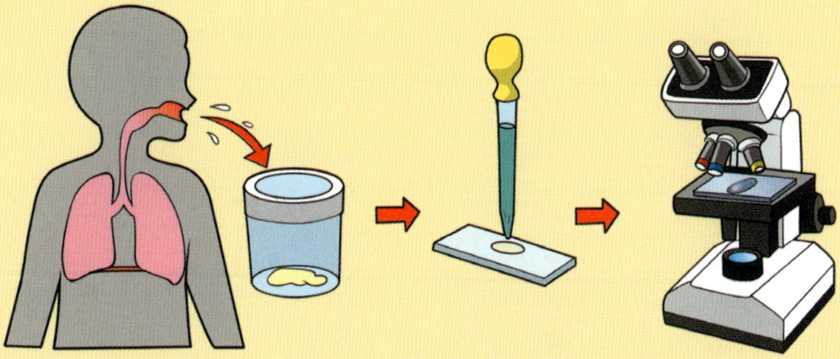

[환자의 가래를 채취]

[염색해서 현미경으로 관찰]

실습이 아니라 진짜 검사를 하던 중이었다면 매우 큰일 난 상황이었다. 검사를 해야 할 환자의 가래가 오염되면 검사를 할 수 없을 테니까. 그러니까 절대 오염되지 않게 항상 마스크와 장갑을 착용하고 주의하도록! 알겠나?

알겠습니다!

**뿌독몬 TIP 진단검사의학과**

진단검사의학과에는 여러 명의 임상병리사들이 동시에 검사를 하는 경우가 많으므로, 검사 중인 검체들이 오염되지 않게 사소한 행동까지도 주의해야 합니다.

의사를 꿈꾸는 뿌독이들을 응원합니다!

### <수혈의학>

진단검사의학과는 혈액을 관리하는 역할도 하는데, 이것을 '수혈의학'이라고 부릅니다. 환자들이 안전하게 수혈을 받을 수 있도록 혈액 관리와 혈액 검사, 혈액 공급 등을 담당하지요. 수혈에서 가장 중요한 것은 혈액형이에요. 만일 환자의 혈액형과 다른 혈액을 수혈받으면 생명이 위험할 수 있기 때문입니다.

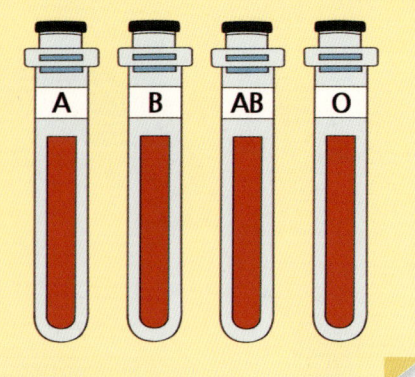

"세 사람은 혈액형이 어떻게 되나?"

"전 A형이에요."

"전 O형이요."

"나도 O형!"

"두 사람은 O형이니 헌혈하면 많은 사람을 살릴 수 있겠군."

**뿌독몬 TIP**

#### 수혈 가능한 혈액형

A형은 A형에게만, B형은 B형에게만 혈액을 줄 수 있고, O형은 A, B, AB, O형 모두에게 줄 수 있어요. 그래서 수혈이 급히 필요한 응급 환자의 혈액형을 모를 때는 O형을 우선 수혈한답니다. AB형은 모든 혈액형에게 수혈받을 수 있지만, 혈액을 줄 수 있는 건 같은 AB형 뿐이에요.

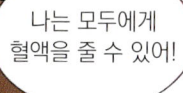

"나는 모두에게 혈액을 줄 수 있어!"

## 진렬이의 직업 노트

### 진단검사의학과

- 내과나 외과 등에서 의뢰한 환자의 혈액, 소변, 대변, 가래 등을 검사함.
- 우리 몸의 감염병을 진단하기 위해 세균, 바이러스 등의 각종 미생물을 분리하고, 동정*하는 일을 함.

### 진단검사의학과 의사

- 검사의 과정을 관리하고, 임상병리사가 검사하고 분석한 결과를 판독함.
- 판독 내용을 담당 의사에게 전달하면 담당 의사는 이를 진단의 근거 자료로 사용함.

### 임상병리사

- 방사선사처럼 의사의 지도에 따라 여러 검사를 진행하는 의료 기사.
- 환자의 혈액, 소변, 대변, 가래 등을 체취해 검사하고 분석함.

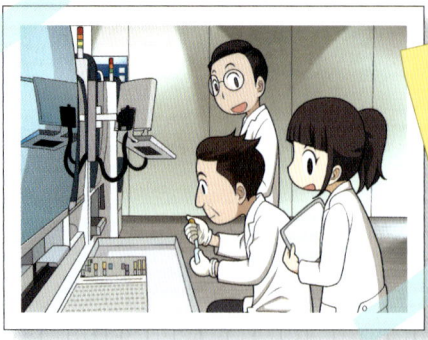

한 팀으로 일하는 모습이 너무 멋있는 진단검사의학과 의사 선생님, 임상병리사 선생님들!

*동정: 생물의 분류학상의 소속이나 명칭을 바르게 정하는 일.

# 강호이의 호기심

## Q 엑스레이는 어떻게 발견되었을까요?

엑스레이(X-ray)는 독일의 물리학자 뢴트겐이 음극선*에 관한 실험을 하던 중에 처음 발견했어요. 음극선을 금속판에 쏘면 검은 종이도 뚫고 지나가는 강한 빛이 나온다는 것을 알게 되었지요. 놀란 뢴트겐은 아내를 실험실로 불렀어요. 이 빛으로 아내의 손을 찍자 손 안에 있는 뼈와 함께 손가락의 반지가 선명하게 나타난 것을 보고 더욱 놀랐답니다. 인류 최초로 X선을 발견한 순간이었어요. 뢴트겐은 이 빛을 알 수 없는 빛이라는 뜻으로 X선이라 이름 지었습니다.

▲ 뢴트겐

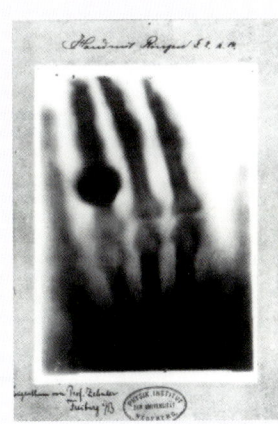

▲ 최초의 엑스레이 사진

뢴트겐이 발견한 X선은 의학 검사에 엄청난 발전을 가져왔어요. X선이 우리 몸속의 상태를 볼 수 있도록 해 주었거든요. 이제 X선 사진을 통해 뼈가 부러지거나 폐에 어떤 이상이 생겼는지 진단할 수 있게 된 거지요. 이것이 오늘날의 엑스레이 검사입니다. 하지만 X선은 우리가 보는 일반 빛보다 더욱 강한 에너지를 갖고 있기 때문에 우리 몸을 지나갈 때 해로울 수 있어요. 그래서 엑스레이 검사를 할 때에는 의사 선생님이나 간호사 선생님의 지시를 따라 조심히 찍어야 합니다.

*음극선: 내부가 진공인 관에 양극과 음극을 설치해 그 사이에 높은 전압을 걸었을 때 음극에서 양극으로 향하는 전자의 흐름.

# 뿌둥이 놀이터

### 직업 도구 찾기

이곳은 의사가 진료를 보는 진료실이에요. 파뿌리가 의사 선생님을 도와 환자를 진료하기 위해 도구를 챙기려 해요. 의사가 진료를 볼 때 필요한 의료 도구 4개를 찾아 표시해 보세요.

## 십자말 풀이

아래 설명을 보고 빈칸에 알맞은 답을 채워 보세요.

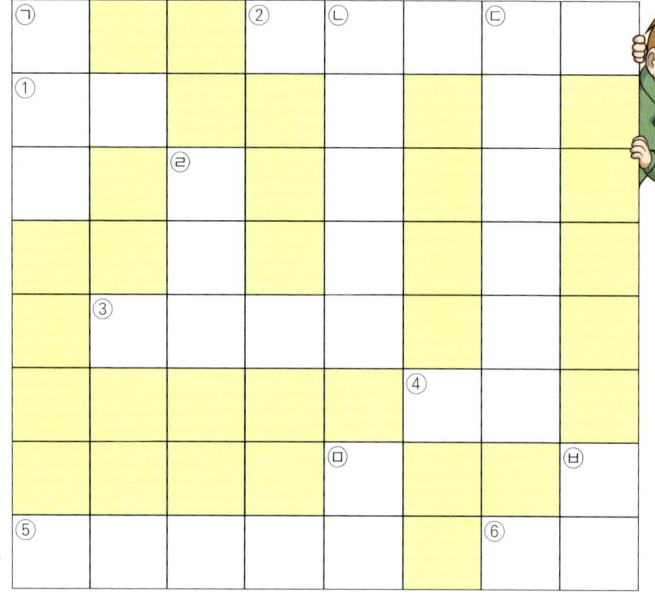

### 가로 열쇠

① 의사가 환자를 진찰하고 치료하는 일.
② 성인이 기도가 막혀 숨을 쉬지 못할 때 할 수 있는 응급 처치법.
③ 방사선 검사를 진행하는 의료 기사.
④ 수술을 할 때 쓰는 작고 날카로운 칼.
⑤ 심장이 멈췄을 때 혈액을 순환시키고 호흡이 돌아오도록 도와주는 응급 처치법.
⑥ 먹는 약물을 통해 치료하는 의학 분야.

### 세로 열쇠

㉠ 몸속의 작은 소리를 크게 들을 수 있도록 해 주는 의료 도구.
㉡ 환자의 혈액, 소변 등을 검사하는 의료 기사.
㉢ 고대 그리스 시대 의사. 의학의 아버지로 불림.
㉣ 의사의 치료를 돕고, 환자의 상태를 점검하며, 기록하는 의료인.
㉤ 사람의 피부나 조직을 째거나 잘라서 병을 고치는 일.
㉥ 수술을 통해 치료하는 의료 분야.

# 3화
# 응급 환자 발생!

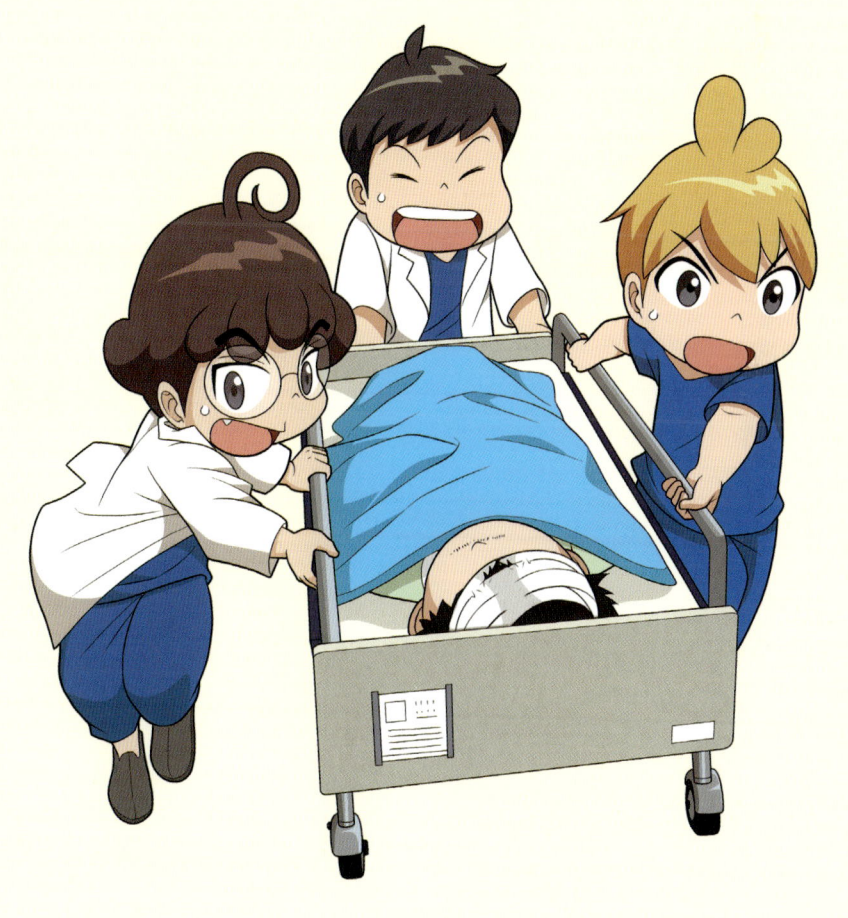

*바이탈: 환자의 건강 상태를 기본적으로 확인할 수 있는 혈압, 맥박, 체온 등을 말한다.

## 진렬이의 직업 노트

### 응급실

- 환자의 응급 처치를 도맡아 하는 곳.
- 화상을 입거나 의식이 없는 환자부터 생명이 위독한 응급 환자까지 다양한 환자들을 담당함.
- 최대한 빨리 진료를 봐야 하는 응급실의 특성상 응급 치료를 위한 여러 검사 장비와 진료 시스템이 마련되어 있음.
- 접수한 순서와 상관없이 가장 위급한 환자를 우선으로 진료함.
- 응급 증상 기준: 급성 의식장애, 심폐소생술이 필요한 증상, 약물 과다 복용, 수술이 필요한 증상, 넓은 부위의 화상 등.

환자를 말리느라 지친 노랭 아··. 응급실은 위급한 환자가 먼저라는 사실을 잊지 말자!

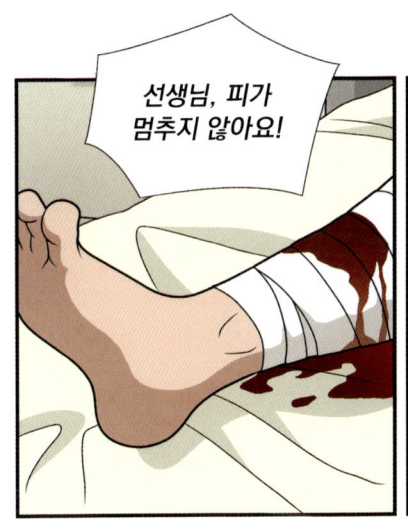

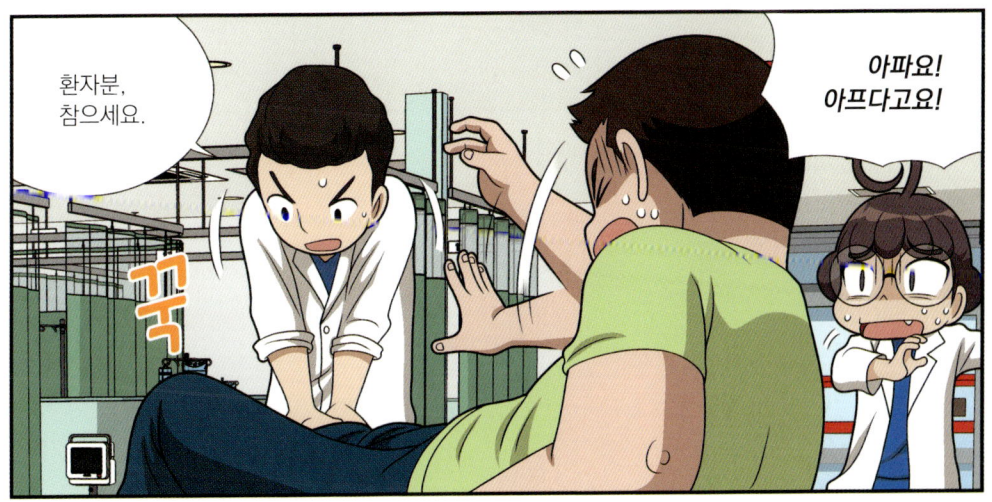

### <응급실의 순서>

응급실에서 진료 순서가 뒤로 밀리면 왜 빨리 진료를 해 주지 않냐고 화를 내는 사람들이 있어요. 응급실은 응급 환자를 먼저 치료하는 곳이에요. 이것을 이해하지 못하고 화를 내는 환자와 보호자들을 달래고 이유를 설명해 주다 보면, 정작 의사는 진료할 시간을 빼앗기게 됩니다. 그렇게 되면 위급한 환자가 위험해질 수도 있어요. 심각한 응급 상황이 아니라 단순한 증상이라면 대학 병원 같은 큰 병원에 가는 것보다 적당한 종합 병원 응급실로 가는 것이 더 빠르게 진료를 받을 가능성이 높아진답니다.

## 진렬이의 직업 노트

### 하임리히법

- 환자가 음식 조각 등에 의해 기도가 막혀 숨을 쉬지 못 할 때 할 수 있는 응급 처치법.
- 일단 환자의 상체를 깊게 숙이고 날개뼈 가운데를 강하게 두드리는 '등 두드리기'를 먼저 시도한 후, 효과가 없을 때 시행함.
- 환자의 등 뒤에 서서 주먹과 엄지 부분을 배꼽과 명치 사이에 둔 후, 힘을 주어 위로 빠르게 밀어 올림. 이물질을 뱉을 때까지 이 동작을 반복함.
- 너무 힘을 줄 경우, 복부에 강한 압력이 가해져 장기가 손상되거나 갈비뼈가 부러질 수 있으니 조심해야 함.
- 연령별로 처치 자세가 다르므로 각 환자의 상황에 맞게 시행해야 함.
- <u>연령별 처치 자세</u>

① 1세 이하 영아

② 어린이

③ 성인

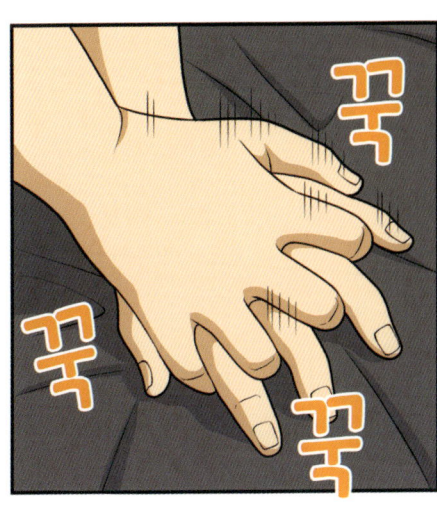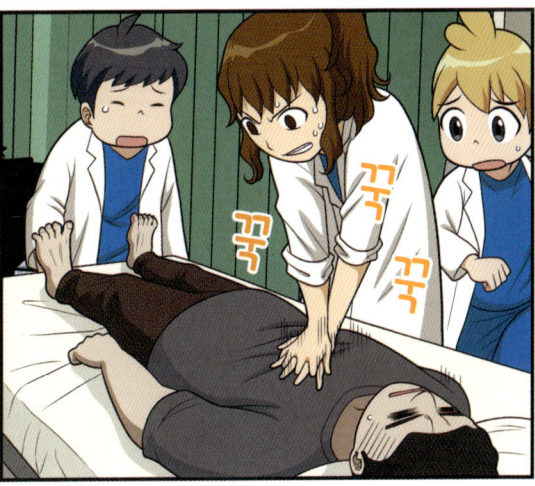

바이탈이 정상으로 돌아왔습니다!

선생님, 괜찮으세요?

괜찮아요. 환자가 살아서 정말 다행이에요.

활짝

아…!

콩 닥

## 진렬이의 직업 노트

### 심폐소생술

- 여러 이유로 심장이 멈췄을 때, 인공적으로 혈액을 순환시키고 호흡이 돌아오도록 도와주는 응급 처치법.
- 심정지가 일어난 후 골든 타임*(약 4분 이내)에 심폐소생술을 시행해야 환자가 살아날 확률이 높아짐.
- **처치 순서**

  ① 심정지 환자를 발견하면 바로 119에 신고 후 주위에 구조 요청을 한다.
  ② 쓰러진 환자를 불러 보거나 어깨를 흔들어 의식이 있는지 확인한다.
  ③ 의식이 없다면 양손에 깍지를 낀 뒤, 환자의 가슴 정중앙에 놓고 양쪽 어깨 힘을 활용해 성인 기준, 1분당 100에서 120회 정도의 속도와 5cm의 깊이로 빠르고 강하게 눌러 준다.
  ④ 구조 요원이 올 때까지 위의 과정을 반복한다.

심폐소생술을 시행할 위치

*골든 타임: 재난 사고나 응급 의료 등의 상황에서 생명체의 생존 가능성이 높은 시간.

## 진렬이의 직업 노트

### 응급의학과 의사

- 응급실에 찾아오는 모든 환자의 치료에 직접 또는 간접적으로 참여해 응급 처치를 하는 의사.
- 가벼운 증상의 환자부터 중증의 환자까지 조기에 진단하고 빠른 처치를 시행해 증상이 더 심해지지 않도록 유지시키는 역할을 함.
- 응급실에는 다양한 환자가 찾아오기 때문에 여러 진료 과목에 대한 이해가 있어야 함.
- 환자의 증상을 판단해 상황에 따라 해당 진료 과목 전문의에게 협진*을 요청하기도 함.

응급 상황도 멋있게 착착 해결하시는 응급의학과 선생님!

*협진: 여러 전문 분야의 의사가 서로 도와 환자를 진료하고 치료하는 일.

## 노랭이의 검색창

### 의사와 함께 일하는 사람들

#### 간호사

의사의 치료를 돕고, 의사의 처방에 따라 치료를 하는 사람이에요. 의사가 없을 때는 대신해서 비상조치를 취하기도 합니다. 체온, 맥박, 혈압 등을 측정해 환자의 상태를 점검하고, 기록해요. 그리고 환자나 환자의 가족들에게 치료와 질병에 관한 설명을 해 준답니다.

#### 응급구조사

응급 상황이 발생한 현장에서 환자를 구조하고, 병원으로 이송하는 동안 응급 처치를 하는 사람이에요. 신고가 들어오면 빠르게 현장으로 가 필요한 응급 처치를 한 후, 가까운 응급 의료 시설로 환자를 이송해요. 그리고 환자의 상태와 치료 과정을 기록해 담당 의사에게 전달합니다.

## 병원 코디네이터

환자가 병원을 찾았을 때 환자에게 의료 관련 서비스를 제공하는 사람이에요. 그리고 병원의 이미지를 개선하기 위해 홍보와 마케팅을 진행하기도 합니다. 병원 코디네이터가 되기 위해서 특별한 자격증이나 면허증이 필요한 것은 아니지만, 의료 및 보건 관련 학과를 전공하거나 병원 코디네이터 민간 자격증을 따면 취업에 유리할 수 있어요.

## 보건의료정보 관리사

병원에서 환자들의 기본 정보와 의무기록 자료 등을 수집해 분석하고, 관리하는 사람이에요. 원래는 의무기록사라 불렀는데 2018년부터 이름이 바뀌었어요. 보건의료정보 관리사가 되기 위해서는 보건의료정보 관련 학과를 졸업하고, 보건의료정보 관리사 국가 고시에 합격해야 해요.

## 강호이의 호기심

**Q** 간단한 응급 처치 방법을 배워 볼까요?

### 1. 코피가 날 때

코피가 날 때 피가 나오지 않게 하려고 고개를 뒤로 젖히면 안 돼요. 피가 뒤로 흘러 기도가 막힐 수 있거든요. 코피가 나면 고개를 앞으로 약간 숙이고 피가 멈출 때까지 휴지나 수건 등으로 가볍게 닦아 줍니다. 코 주변을 얼음주머니 등으로 냉찜질해 주면 지혈에 도움이 될 수 있어요. 10분 정도 지나도 피가 멈추지 않으면 병원에 가야 합니다.

### 2. 화상을 입었을 때

가벼운 화상을 입었을 때는 흐르는 찬물과 얼음 등으로 열기를 식혀 부기와 통증을 줄여 줍니다. 옷을 입은 상태에서 심한 화상을 입었을 때는 무리하게 벗기려 하지 말고 바로 병원으로 가서 치료를 받아야 해요.

# 4화 공부하기

의과 대학

강의실 A
CLASSROOM A

헤

## 〈병리학〉
pathology

### 1. 개념 및 정의

병적 상태의 세포, 조직, 기관들의 구조적, 생화학적, 기능적 변화를 연구하는 학문이다. 분자적, 미생물학적, 면역학적, 형태학적 기법을 활용하여 환자에서 나타나는 증상 및 징후가 어떤 이유와 형태로 나타나는지 설명하고, 임상적 치료와 간호의 이론적 근거를 제공한다.

기초과학과 임상의학의 가교* 역할을 하는 병리학은 모든 의학 분야의 과학적 초석*이라 할 수 있습니다.

기본적으로 병리학은 일반 병리학과 기관 병리학으로 구분되지요. 일반 병리학은 질병의 주된 원인인 정상적이지 않은 자극과 유전적 결함에 대해 세포와 조직의 반응을 연구합니다.

반면, 기관 병리학은 질병이 발생된 특정 장기 및 조직에서의 변화를 연구하지요.

병리학의 핵심이 되는 네 가지 요소는,

*가교: 서로 떨어져 있는 것을 이어 주는 사물이나 사실.
*초석: 어떤 사물의 기초를 비유적으로 이르는 말.

*유급: 학교에서 윗 학년으로 올라가지 못하고 그대로 남다.

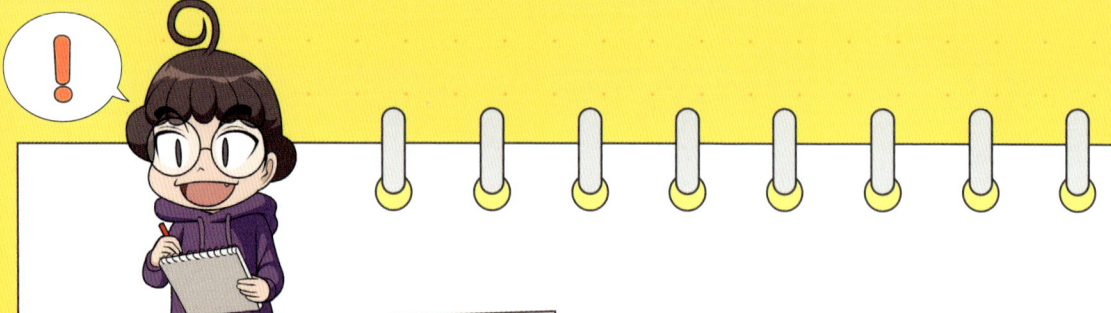

## 기초의학

- 의학의 기초가 되는 학문. 우리 몸은 어떻게 생겼고, 각 기관들이 어떻게 기능하는지, 병은 왜 생기는지, 어떤 약이 있는지 등을 연구함.
- 기초의학 과목: 해부학, 생리학, 생화학, 병리학, 미생물학, 기생충학 등.

### 임상의학

- 기초의학을 바탕으로 병을 어떻게 진단하고, 치료할지 연구하는 학문.
- 치료를 위한 진단, 수술, 관리와 질병 예방, 건강 증진을 위한 활동을 모두 포함함.
- 임상의학은 총 26개의 전문 과목으로 전문 분야가 세분화되어 있음. (2022년 의료법 기준)
- 임상의학 과목: 내과, 외과, 소아청소년과, 산부인과, 정신건강의학과, 안과, 이비인후과 등.

의사는 사람을 살리는 직업인만큼 정말 많은 공부를 해야 하는구나….

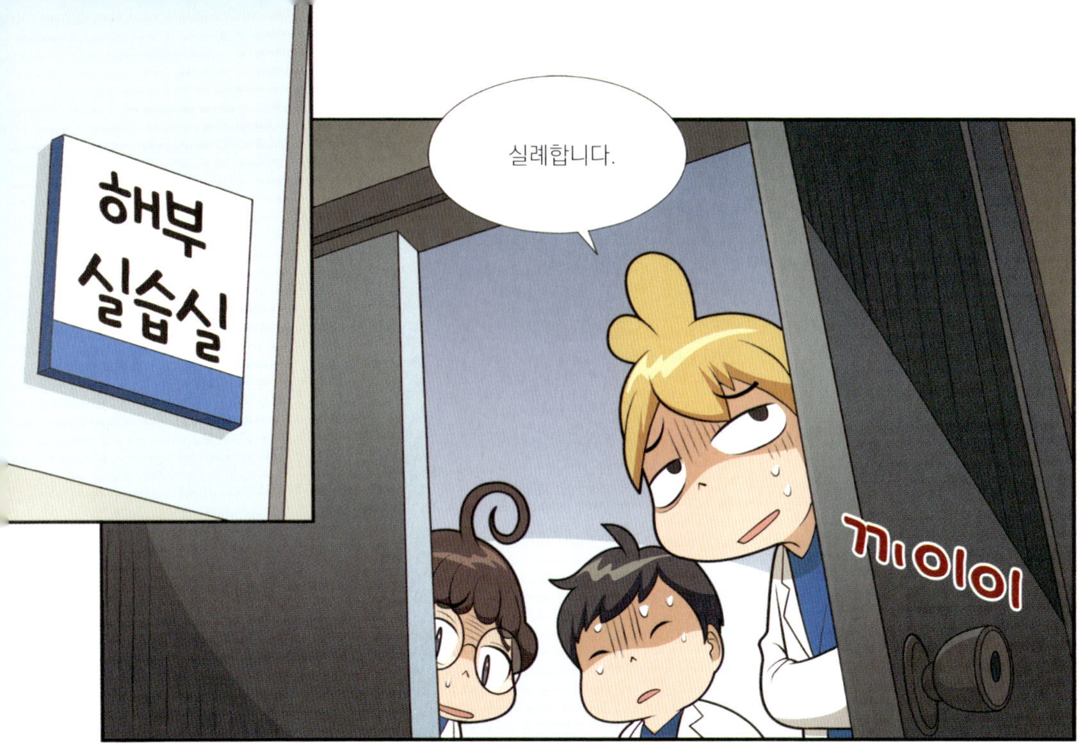
해부
실습실
실례합니다.
끼이이

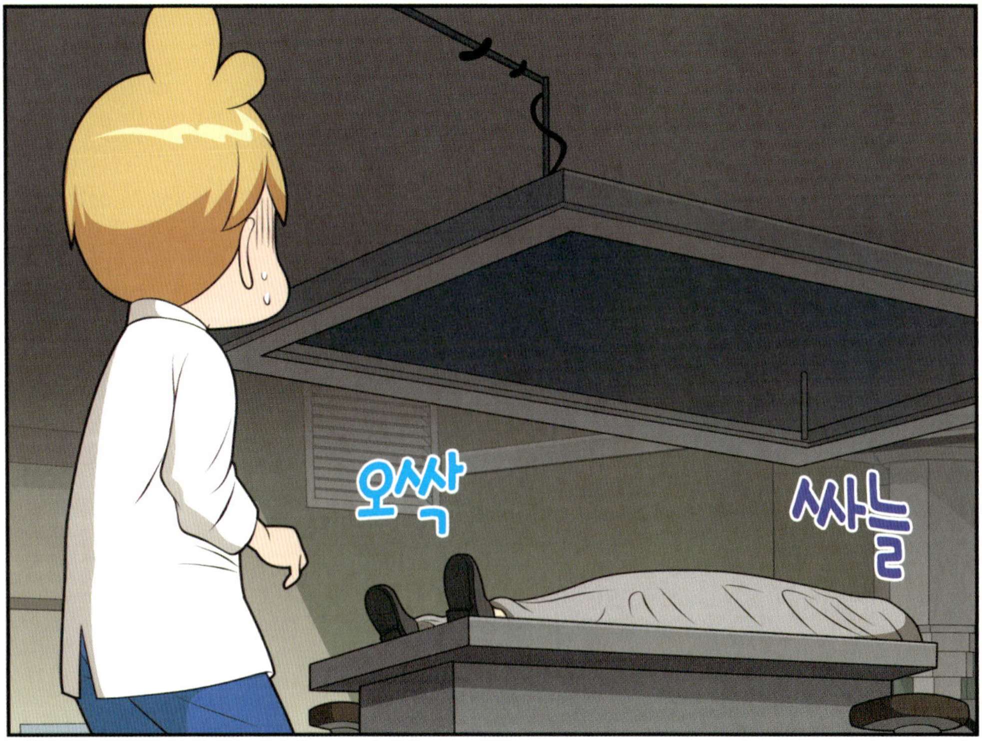
오싹
싸늘

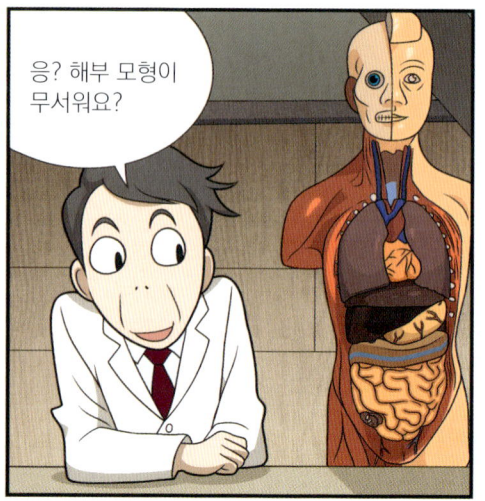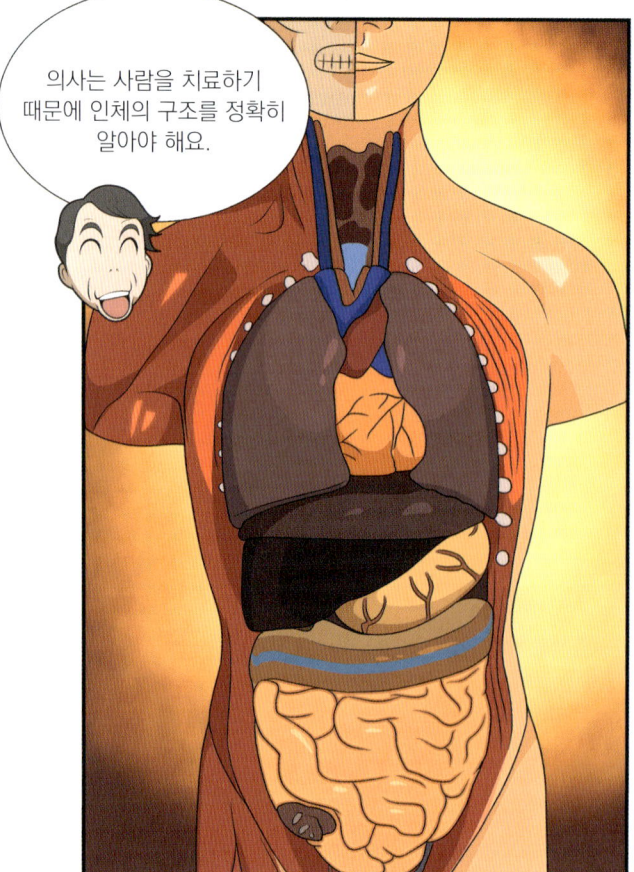

**<카데바>**

의학의 발전과 연구를 위해 기부된 시신을 말합니다. 시신 기부는 사람이 죽기 전에 자신의 몸을 기부하겠다는 강력한 의사가 있어야 가능해요. 그래서 해부학 실습은 아주 엄숙하게 진행되고, 실습을 시작하기 전에 시신을 기부해 주신 분들께 감사와 존경의 마음을 표현하는 의식을 치르지요. 의사가 되는 과정에는 이렇게 많은 분들의 도움이 필요하다는 사실을 잊으면 안 돼요.

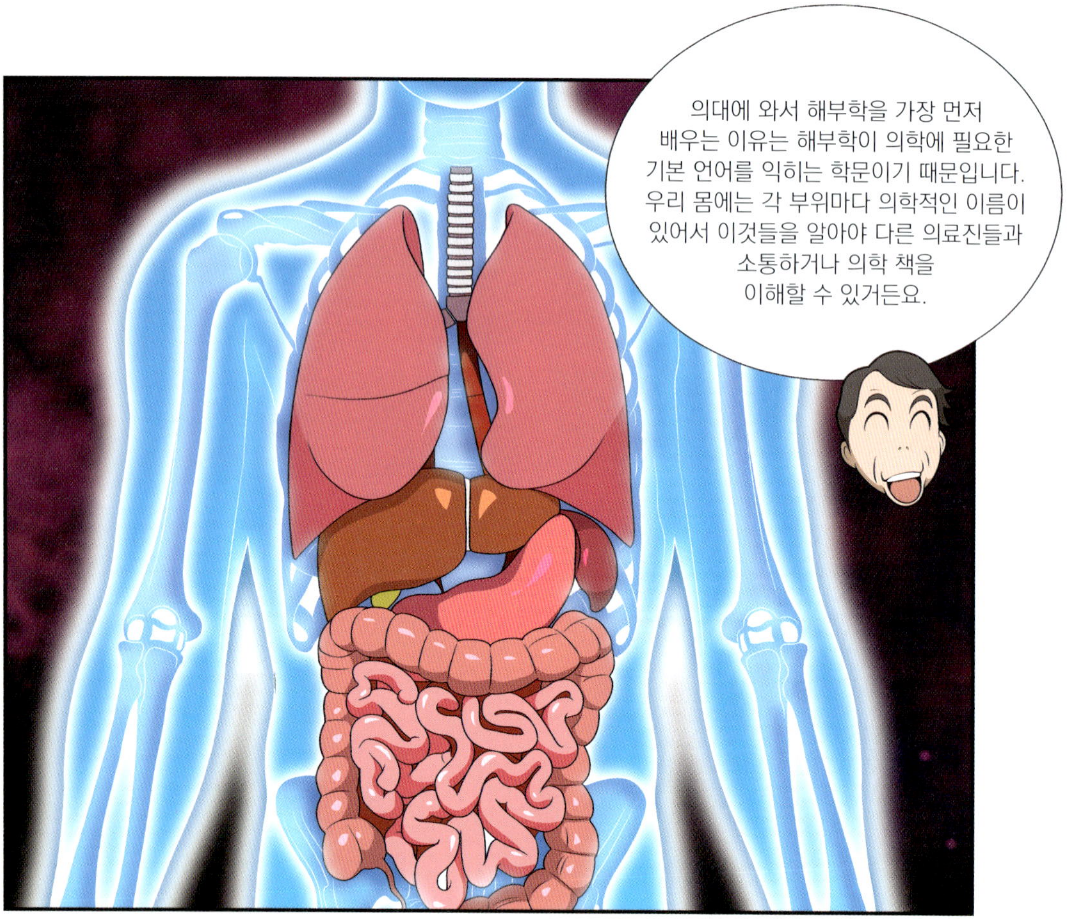

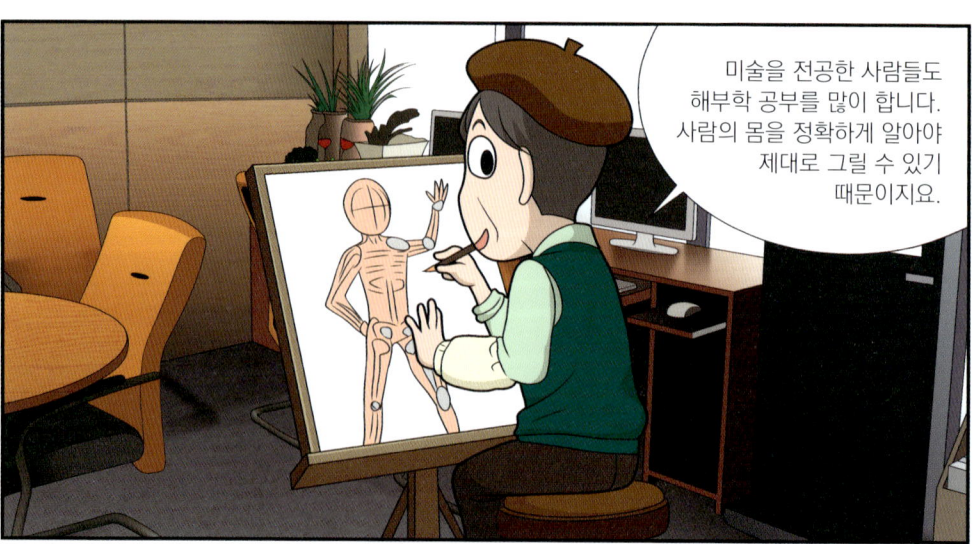

해부학 공부를 잘하려면, 먼저 해부학적 자세부터 이해해야 합니다. 그래야 우리 몸에 대해 더 잘 알 수 있거든요.

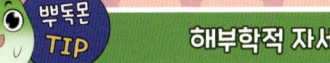

### 해부학적 자세

몸이 움직이는 원리를 이해하려면 뼈, 관절, 근육 등 신체의 구조와 물리적 특성을 알아야 합니다. 위치, 자세, 움직임, 구조를 쉽게 설명하기 위해 국제적으로 헷갈리지 않는 기준을 정했고, 그것을 '해부학적 자세'라 부릅니다. 이 자세를 기준으로 앞과 뒤, 안쪽과 바깥쪽, 위와 아래를 결정해요. 해부학적 자세는 차렷 자세가 아니라 자연스럽게 발을 모으고 똑바로 서서 눈은 정면을 바라보고, 팔은 몸통 양옆으로 자연스럽게 늘어뜨린 상태에서 손바닥을 펴 앞을 향하도록 한 자세입니다.

**<해부학적 자세>**

앞 　　　　 옆 　　　　 뒤

이 자세를 기준으로 앞과 뒤, 안쪽과 바깥쪽, 위와 아래를 결정합니다.

자, 그럼 이제 제대로 공부해 볼까요?

엄청 많아!

쿵

으악

우리 몸은 206개의 뼈와 많은 관절로 이루어져 있습니다. 머리뼈, 어깨뼈, 빗장뼈, 척추, 골반, 갈비뼈,

정강뼈, 넙다리뼈, 종아리뼈, 발가락뼈, 무릎뼈,

어쩌고저쩌고~.

아아~, 어지럽다~.

# 진렬이의 직업 노트

## 우리 몸의 구조

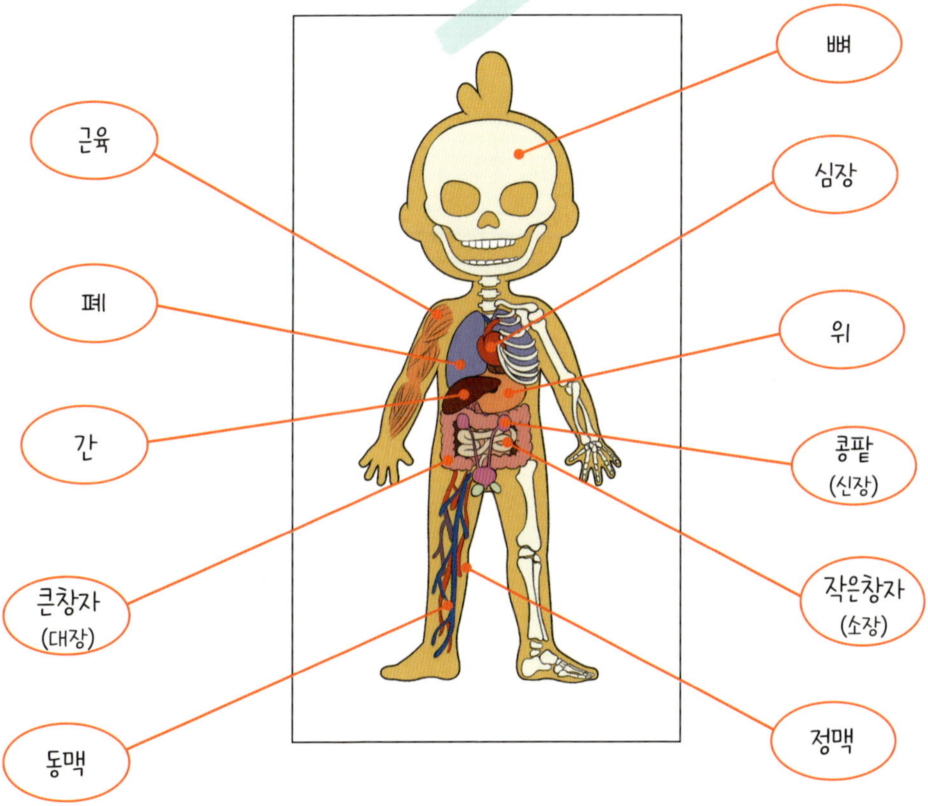

- 뼈
- 심장
- 위
- 콩팥 (신장)
- 작은창자 (소장)
- 정맥
- 근육
- 폐
- 간
- 큰창자 (대장)
- 동맥

# 강호이의 호기심

**Q 의사가 되려면 어떻게 해야 하나요?**

의사가 되기 위해서는 우선 의과 대학에 입학해야 해요. 의과 대학은 학생들에게 인기가 많기 때문에 경쟁률이 높아 입학하기가 어려워요. 그래서 고등학생 때 상위권의 성적을 유지해야 한답니다.

의과 대학에 입학하면, 처음 2년 동안은 의예과에서 기본 교양 과목과 수학, 물리, 화학, 생물 등 의학 과목을 공부하기 위한 기초 지식을 배워요. 본과(의학과)에 들어서면 본격적으로 의학 전문 과목을 공부합니다. 총 4년 동안 배우게 되는데, 저학년 때는 기초의학과 임상의학을 공부하고, 고학년 때는 임상의학 실습을 하게 되지요.

의과 대학
의예과 2년
본과 4년

의사 국가 고시

의과 대학 과정을 마치게 되면 학생들은 의사 국가 시험을 봅니다. 여기서 합격하면 진짜 의사가 돼요. 이때의 의사들을 일반의라고 부릅니다. 한 분야를 전문적으로 더 깊게 공부한 의사는 전문의라 불러요. 전문의가 되려면 큰 병원에서 수련 과정을 거쳐야 해요. 1년의 인턴 과정과 4년의 레지던트 과정을 거친 후 전문의 국가 고시에 합격하면 그 분야의 전문의가 되는 거지요. 그런데 최근에 이러한 교육 과정을 더 좋은 방향으로 바꾸기 위해 관련 법이 개정되었어요. 세부적인 사항들이 결정된 후, 빠르면 2025년부터 적용될 예정이랍니다.

하지만 의사가 되기 위해 무엇보다도 가장 중요한 것은 환자에 대한 마음이에요. 환자를 살리기 위한 사명감, 언제든지 환자를 치료할 수 있는 부지런함과 끈기를 가져야 하고, 의학적 지식을 쌓기 위해 꾸준히 공부해야 한다는 것을 잊지 마세요.

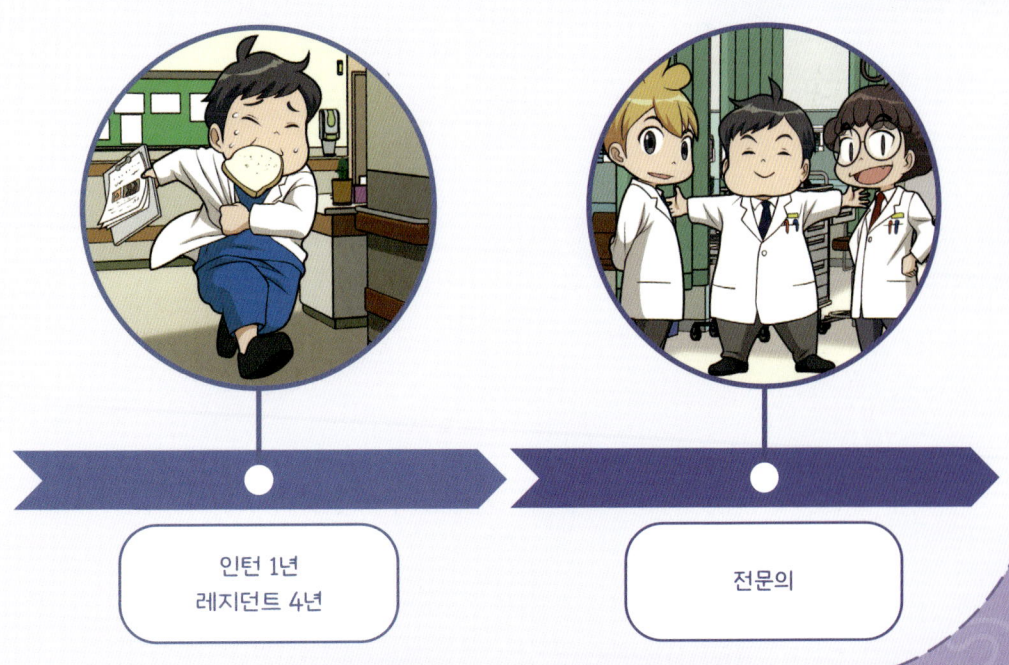

인턴 1년
레지던트 4년

전문의

# 뿌동이 놀이터

다른 그림 찾기

응급실에 응급 환자가 들어왔어요! 파뿌리가 응급 환자를 빠르게 옮기고 있습니다. 두 그림에서 서로 다른 곳 10군데를 찾아 표시해 보세요.

## 사다리 타기

다음 의사들이 하는 이야기를 듣고, 각각 어떤 의사인지 사다리 도착 지점에 써 보세요.

- 저는 영상 검사 자료를 분석하고 판독하는 일을 해요. 제가 판독한 결과를 참고해서 담당 의사가 환자를 진단한답니다.

- 저는 내과나 외과에서 의뢰한 환자의 혈액, 소변, 대변 등의 검사 결과를 판독해요. 임상병리사와 한 팀으로 일하지요.

- 저는 응급실에 찾아오는 모든 환자들에게 응급 처치를 해요. 환자의 증상이 더 심해지지 않도록 유지시키는 역할을 해요.

- 저는 수술실에서 환자를 안전하게 마취시키는 역할을 해요. 수술 후에 환자가 잘 깨어나도록 하는 것도 저의 역할이에요.

① ② ③ ④

# 5화
# 수술실에서

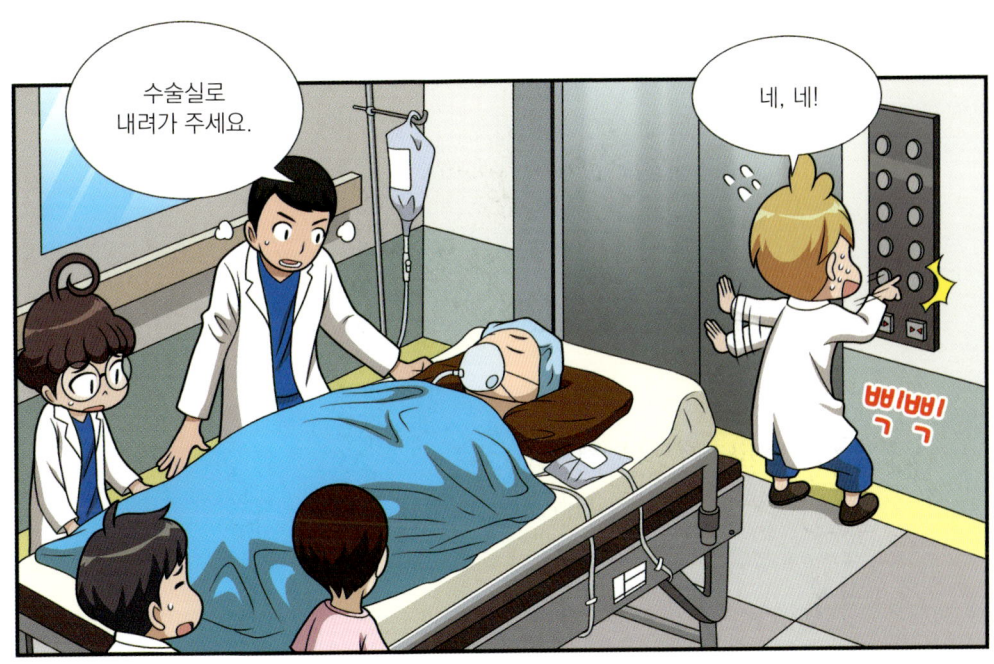

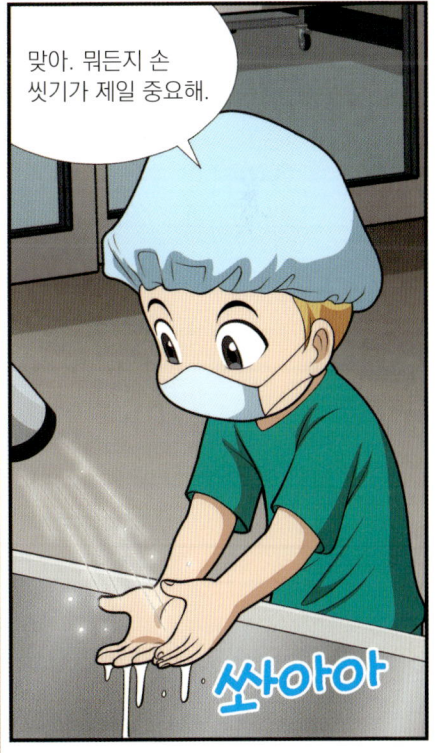

잠깐! 수술실에서는 평소처럼 손을 씻으면 안 돼요!

예? 그럼 어떻게 씻어요?

이렇게 팔꿈치가 손보다 아래로 내려온 상태로 씻어야 해요.

## 진렬이의 직업 노트

**수술실에서 손 씻기**

- 외과적 무균술: 수술실에서 수술 전에 손을 씻는 방법. 보통 무균술이라고 부름. 무균은 어떠한 미생물도 없는 멸균* 상태를 뜻함.

- 손 씻는 순서

  ① 팔꿈치가 손보다 아래쪽으로 오게 한다.
  ② 솔을 사용해 소독 비누로 3분 이상 빡빡 씻은 후, 소독제로 한 번 더 씻는다.
  ③ 손을 씻은 후에는 손끝의 오염을 막기 위해 손을 들어 올린다.
  ④ 소독되지 않은 물건은 어떤 것도 만지지 않는다.

일반적인 손 씻기

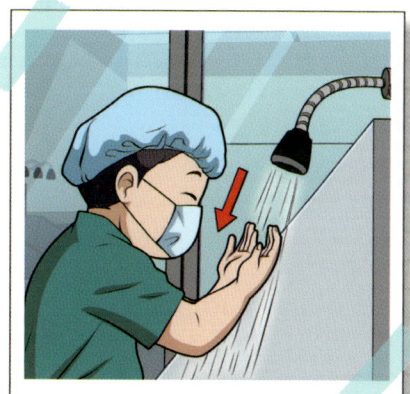

무균술로 손 씻기

*멸균: 세균 따위의 미생물을 죽이다.

# 진렬이의 직업 노트

**외과 의사의 복장**

**수술용 모자**
머리카락이 삐져나오지 않게 잘 써야 함

**수술용 장갑**
수술 중 환자에게 외부 감염이 되는 것을 막음

**수술용 가운**
옷이 나풀거리지 않게 등 뒤에서 꽉 묶음

**수술용 마스크**
수술 중인 환자의 체액이나 비말*에 포함될 수 있는 세균으로부터 보호하는 역할을 함

**수술실 전용 신발**
외부 감염을 막기 위해 신음

간호사가 의사의 수술 가운과 수술 장갑을 착용하는 것을 도와줌. 수술 복장을 착용하고 난 후, 손 끝이 항상 위로 향하도록 해야 함!

*비말: 날아 흩어지거나 튀어 오르는 물방울.

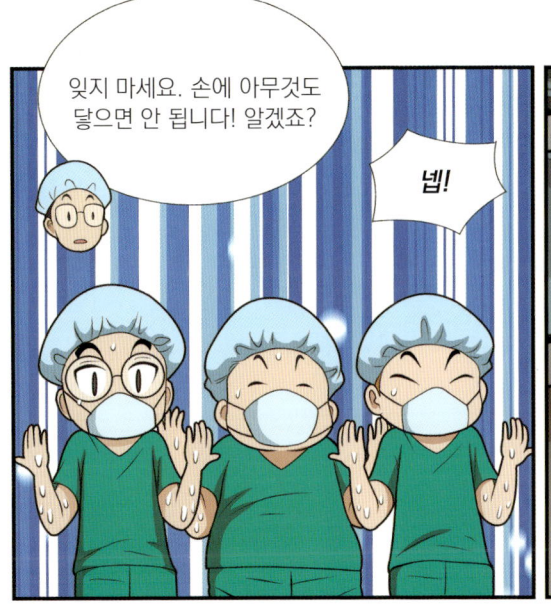

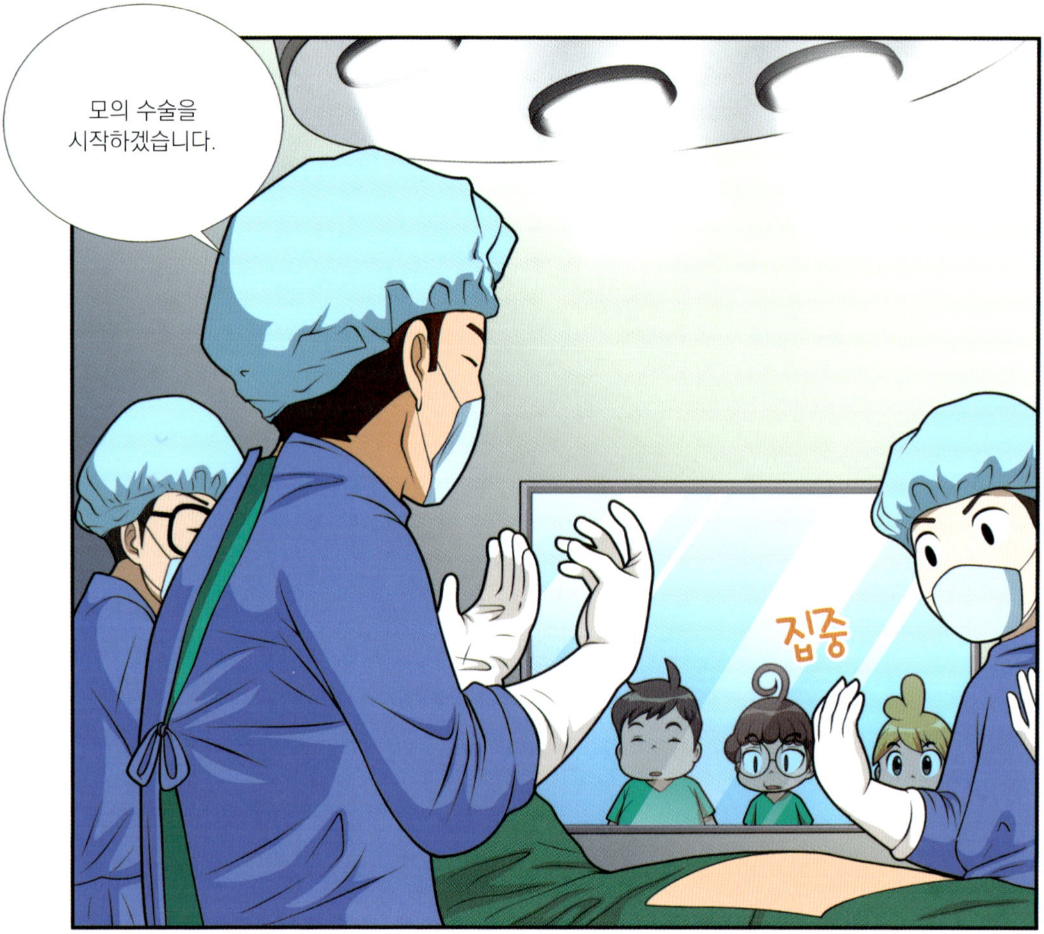

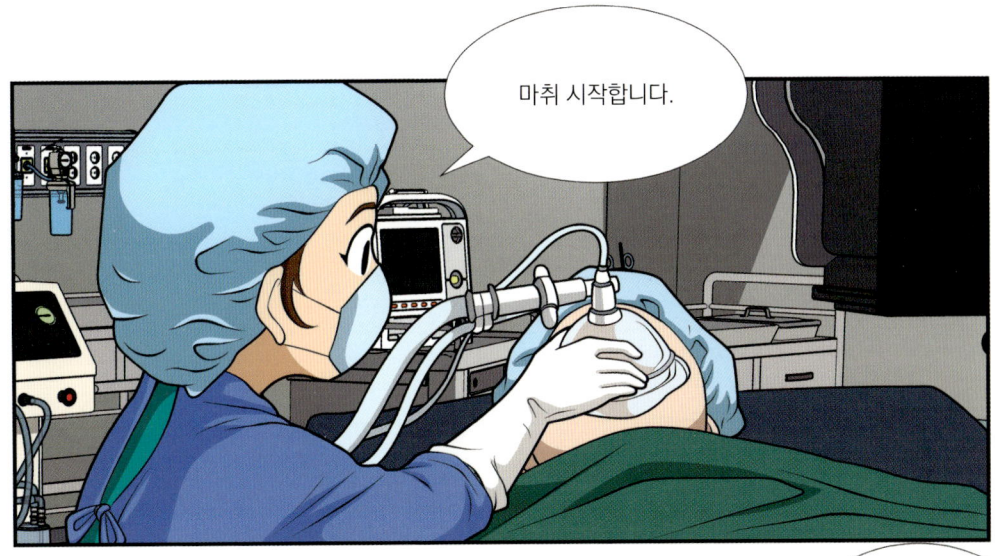

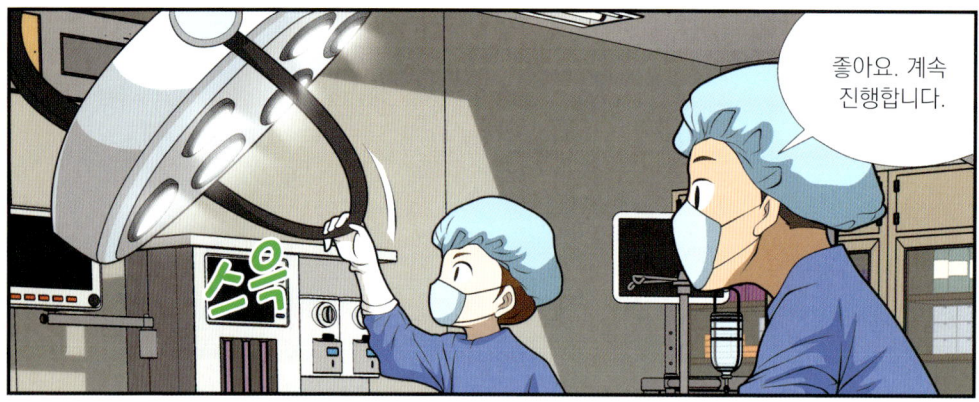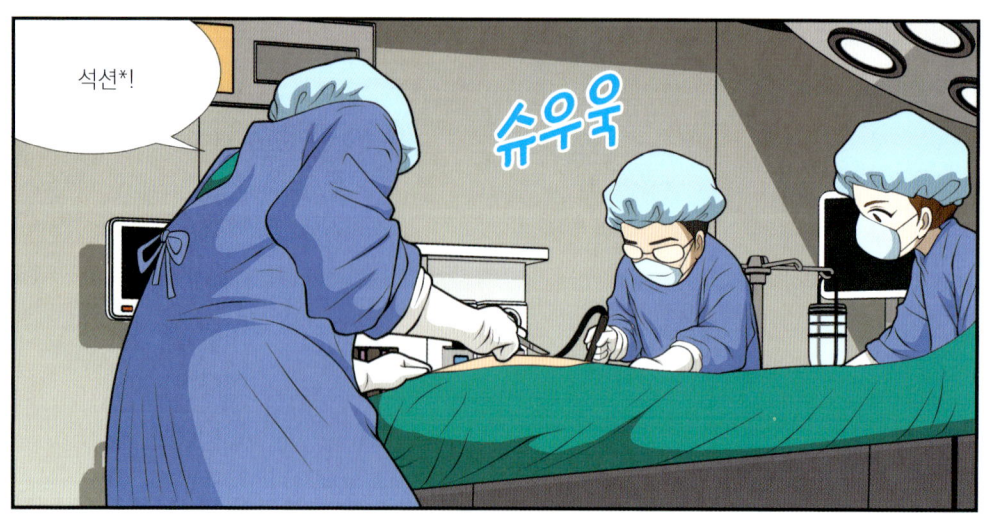

*석션: 무엇을 빨아들인다는 의미로, 수술실에서 수술을 할 때 생기는 가래나 혈액 등을 빨아들이는 기계를 말한다.

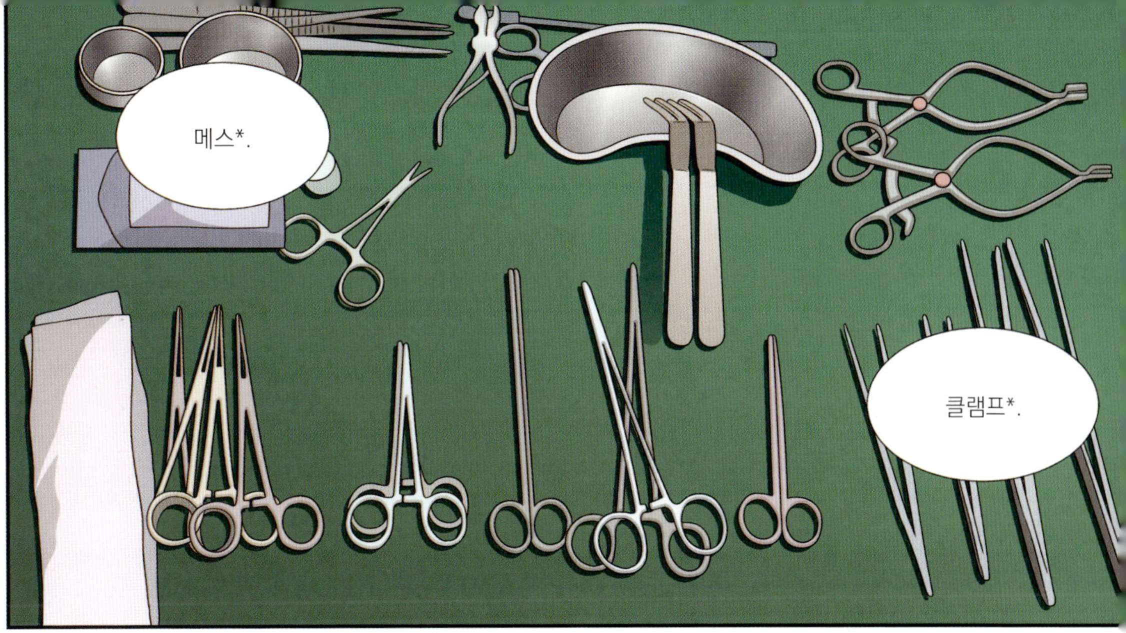

*메스: 수술을 할 때, 조직을 절개하기 위해 쓰는 작고 날카로운 칼.
*클램프: 수술을 할 때, 혈관을 막거나 무언가를 집을 때 쓰는 수술 도구.

# 진렬이의 직업 노트

### 수술실

**무영등**
수술 부위를 더 잘 볼 수 있도록 만든 조명 장치. 수술 부위에 손 그림자 등이 생기지 않게 하며, 조명에 의해 생기는 열도 적은 편임

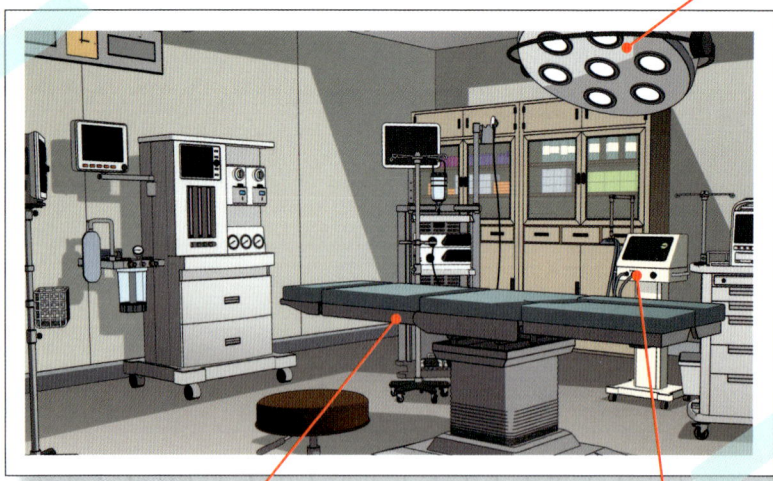

**수술대**
환자를 눕혀 두기 위한 침대. 일반적으로 고정식이지만, 경우에 따라 의사의 마음대로 조절하거나 움직일 수 있음

**심전도계**
수술 중인 환자의 심장 박동과 생체 신호 변화를 확인하기 위한 장치

## 마취통증의학과 의사

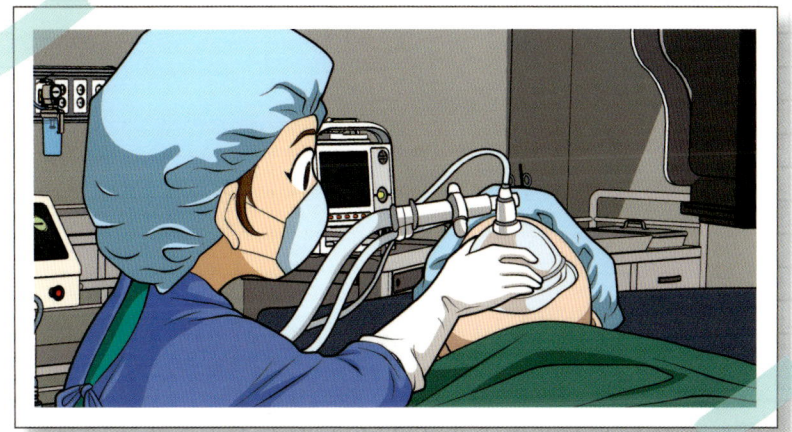

- 마취통증의학과의 진료 분야는 크게 마취 관리, 중환자 관리, 통증 관리로 나뉨.
- 마취통증의학과 의사는 수술을 할 때 반드시 함께 해야 하며, 수술을 할 환자가 안전하게 마취될 수 있도록 처치하는 역할을 함.
- 수술을 하는 동안 마취통증의학과 의사는 환자의 맥박, 혈압, 체온, 산소 포화도 등을 확인하고, 수술 담당 의사에게 공유하면서 실시간으로 일어나는 변화에 유동적으로 대처해야 함.
- 마취 과정에서 돌발적인 사고가 발생할 수 있으므로 환자가 안전하게 깨어날 때까지 상황을 확인하고 처치해야 함.
- 종합 병원에서 수술을 보조하는 역할 이외에도 통증의학과 병원을 개원해 급성 통증, 만성 통증 등의 전반적인 통증까지 치료하기도 함.

## 진렬이의 직업 노트

### 내과

- 우리 몸속 내장에 병이 생겼을 때 수술을 하지 않고, 주로 먹는 약물을 통해 병을 치료함.
- 내과에서 다루는 질병: 감염증, 순환기계 질환, 신경계 질환, 소화기계 질환, 혈액 질환, 호흡기 질환 등.

### 외과

- 우리 몸 외부의 상처나 몸속 내장의 질병을 수술로 치료함.
- 수술로 치료를 하기 때문에 외과 의사는 해부, 지혈, 마취, 감염 예방 등을 충분히 이해하고 있어야 함.
- 외과 종류: 정형외과, 신경외과, 마취과, 흉부외과, 안과 등.

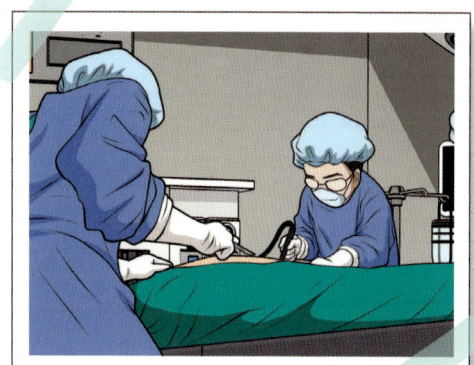

## 노랭이의 검색창

### 수술실에서 사용하는 도구

**클램프(Clamp)**

혈관을 막거나 집게의 용도로 쓰입니다. 끝이 곧게 펴진 것과 굽은 것이 있어요.

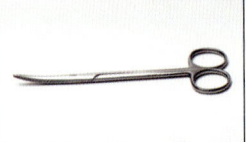

**큐렛(Curette)**

몸에서 뭔가를 긁어낼 때 사용하는 도구예요. 특히 치과에서 치석을 제거할 때 많이 사용합니다.

**메스(Mes)**

수술할 때 조직을 절개하기 위해 쓰는 작고 날카로운 칼을 말해요.

---

**연관검색어** 석션(Suction)

무엇을 빨아들인다는 의미의 단어예요. 수술실에서는 수술을 할 때 생기는 가래나 혈액 등을 빨아들이는 기계를 말합니다. 수술 중에 피가 흘러나오면 의사의 시야를 방해할 뿐만 아니라 피 자체가 환자의 수술 부위를 오염시킬 수 있어요. 그래서 이러한 위험을 방지하기 위해 석션으로 중간중간 혈액을 빨아들인답니다.

# 강호이의 호기심

## Q 의사의 수술복은 왜 청색일까요?

의사들의 대표적인 옷은 흰색 가운이에요. 그런데 수술을 할 때는 초록색이나 파란색 등 청색 계열의 수술복을 입어요. 왜 그럴까요? 그 이유는 피의 색이 붉은색이기 때문이에요.

우리 눈은 가끔 착각을 일으켜요. 이것을 착시 현상이라 합니다. 어떤 색을 계속 쳐다보고 있다가 하얀 벽으로 시선을 돌렸을 때 다른 색이 눈앞에 아른거리던 경험이 있나요? 이런 현상을 착시 현상 중 하나인 보색* 잔상이라 불러요. 계속 쳐다보고 있던 색의 보색이 잔상으로 남아 눈앞에 아른거리는 거예요.

수술실에서 붉은 피를 많이 보는 의사들은 갑자기 다른 곳으로 시선을 옮기면 보색 잔상 때문에 시야가 흐려질 수 있어요. 그래서 이런 상황을 방지하기 위해 붉은색의 보색인 청색 계열의 수술복을 입는답니다.

*보색: 서로 섞였을 때 하얀색이나 검은색이 되는 색.

# 역사 속 훌륭한 의사들

우리나라
최초의 의사

### 박서양 (1885~1940)

우리나라의 최초 근대식 병원인 제중원에서 서양 의학 공부를 하고, 의사 자격증을 받은 우리나라 최초의 의사예요. 백정*의 아들로 태어났지만, 1908년 제중원 의학교(이후 세브란스 의학전문학교)를 제1회로 졸업했어요. 1917년 이후 간도로 이주해 구세의원을 개업하고, 독립군의 치료를 도맡기도 했답니다.

### 박에스더 (1877~1910)

우리나라의 최초 여자 의사로, 본명은 김점동이에요. 영어 실력이 뛰어났던 박에스더는 미국으로 유학을 가 의사가 되어 한국으로 돌아왔어요. 이후 서울뿐 아니라 여러 지방을 다니며 주로 치료를 받기 어렵던 여성 환자들을 진료했습니다. 또한, 환자들에게 바른 의료 상식을 알리기 위해 노력했답니다.

우리나라
최초의 여자 의사

*백정: 조선 시대에 소나 돼지 등을 잡는 일을 직업으로 하던 사람으로, 사회적으로 차별을 받았다.

의사는 단순히 아픈 사람을 치료하는 직업이라고만 알고 있었는데, 사람을 살리려는 사명감으로 일하는 모습을 보고 많이 배웠어.

맞아!

끄덕

절대 포기하지 않고 끝까지 환자를 살리려는 모습에 정말 감동받았어.

힘들면 포기하고 싶을 텐데, 환자를 살리겠다는 마음 하나로 집중해서 환자를 돌보다니…. 의사 선생님들은 정말 대단하신 거 같아.

## 홀랜드 검사 소개

홀랜드 검사는 미국 존스 홉킨스 대학 사회학 명예 교수였던 존 루이스 홀랜드가 연구하고 개발한 <u>직업 선호도 검사</u>입니다.

주변 환경이 사람의 타고난 성격과 기질에 영향을 미치게 될 때 두 관계가 일치할수록 직업 만족도가 높아집니다. 그래서 홀랜드 검사를 통해 자신이 어떤 유형의 사람인지 알게 되면 만족도가 높은 직업을 선택할 수 있습니다.

홀랜드 박사가 제시한 성격 유형은 <u>현실형, 탐구형, 예술형, 사회형, 진취형, 관습형</u>의 여섯 가지로 구분됩니다.

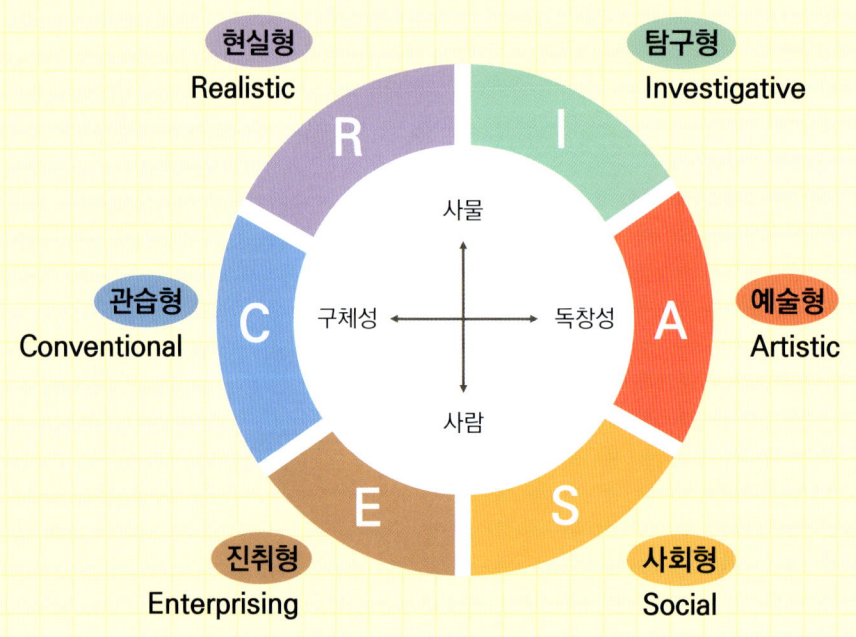

## 의사는 어떤 유형일까?

의사는 탐구형(I형)에 해당합니다. 이 유형에 해당하는 사람들은 분석적이고 체계적인 성향을 가졌기 때문에 지적인 능력이 뛰어난 분야에서 일하면 높은 만족도와 성취감을 느낄 수 있습니다.

탐구형 성향의 사람들은 새로운 아이디어나 이론 등을 독창적으로 분석해 문제를 찾고 해결하는 것을 즐깁니다. 그래서 복잡한 문제를 해결하거나 새로운 데이터를 분석하는 데에도 능숙합니다.

이들은 의사 이외에도 연구원, 수학자, 과학자나 작가, 예술가, 신문 기자 같은 직업을 선택했을 때 높은 성과를 보일 수 있습니다.

✓ **나는 탐구형과 얼마나 잘 맞을지 체크해 봅시다.**

| | |
|---|---|
| 논리적, 분석적, 합리적이다. | ☐ |
| 정확하고 지적 호기심이 많으며, 비판적이다. | ☐ |
| 내성적이고 수줍음을 잘 타며, 신중하다. | ☐ |
| 물리적, 생물학적, 문화적 분야의 창조적 활동이 재미있다. | ☐ |
| 사회적이고 반복적인 활동은 재미없다. | ☐ |
| 학구적이며, 지적인 자부심이 있다. | ☐ |
| 수학적, 과학적 능력이 뛰어나다. | ☐ |
| 누군가를 지도하거나 설득하는 것은 어렵다. | ☐ |

# 찾아보기

| | | | |
|---|---|---|---|
| 1차 의료 기관 | 37 | 외과 의사의 복장 | 132 |
| 2, 3차 의료 기관 | 37 | 외과적 무균술 | 131 |
| CT | 50 | 우리 몸의 구조 | 117 |
| MRI | 51 | 응급구조사 | 94 |
| 간호사 | 94 | 응급실 | 76 |
| 객담 검사 | 57 | 응급실의 순서 | 80 |
| 기초의학 | 106 | 응급의학과 의사 | 92 |
| 내과 | 147 | 의과 대학 | 120 |
| 마취통증의학과 의사 | 139 | 의료용 손전등 | 36 |
| 메스 | 137, 150 | 의사의 가운 | 38 |
| 바이탈 | 71 | 의사의 수술복 | 151 |
| 박서양 | 152 | 의원 | 37 |
| 박에스더 | 152 | 의학 용어 | 101 |
| 방사선사 | 52 | 임상병리사 | 64 |
| 병원 | 37 | 임상의학 | 107 |
| 병원 코디네이터 | 95 | 전문의 | 121 |
| 보건의료정보 관리사 | 95 | 진단검사의학과 | 59, 64 |
| 석션 | 136, 150 | 진단검사의학과 의사 | 64 |
| 수술실 | 138 | 청진기 | 30, 36 |
| 수혈 가능한 혈액형 | 61 | 체온 | 28 |
| 수혈의학 | 61 | 체온계 | 36 |
| 순환 기관 | 32 | 카데바 | 113 |
| 심장 | 32 | 클램프 | 137, 150 |
| 심폐소생술 | 89 | 하임리히법 | 84 |
| 엑스레이 | 48, 50, 65 | 해부학적 자세 | 115 |
| 영상의학과 | 50 | 혈압계 | 36 |
| 영상의학과 의사 | 51 | 히포크라테스 | 17 |
| 외과 | 147 | 히포크라테스 선서문 | 18 |

# 정답 해설

66~67쪽

68쪽

| ㉠청 |   |   | ㉡하 | ㉢임 | 리 | ㉣히 | 법 |
|---|---|---|---|---|---|---|---|
| ①진 | 료 |   |   | 상 |   | 포 |   |
| 기 |   | ②간 |   | 병 |   | 크 |   |
|   |   | 호 |   | 리 |   | 라 |   |
|   | ③방 | 사 | 선 | 사 |   | 테 |   |
|   |   |   |   | ④메 | 스 |   |   |
|   |   |   | ㉤수 |   |   | ㉥외 |   |
| ⑤심 | 폐 | 소 | 생 | 술 |   | ⑥내 | 과 |

122~123쪽

124쪽

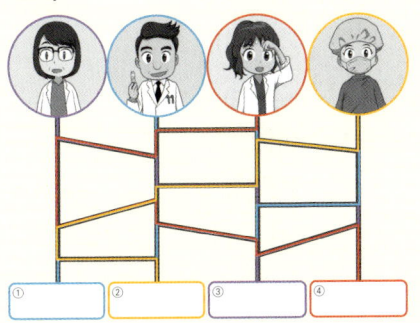

① 진단검사의학과 의사
② 마취통증의학과 의사
③ 영상의학과 의사
④ 응급의학과 의사

## 파뿌리 북 사인회

### 파뿌리 북 사인회 안내

- 일시: 2024년 3~4월 중
- 장소: 서울 내 서점
- 인원: • 『파뿌리 직업 체험』 1권에 랜덤으로 들어 있는 북 사인회 초대권 당첨자
  • 북 사인회 당일 『파뿌리 직업 체험』 2권을 현장 구매하신 선착순 70명

※ 정확한 장소와 시간은 파뿌리 유튜브 채널 및 겜툰 출판사 공식 카페를 통해 공지할 예정입니다.

### 북 사인회 참여 방법

#### 1. 북 사인회 초대권 지참

『파뿌리 직업 체험』 1권에 북 사인회 초대권이 랜덤으로 들어 있습니다. (초판 한정) 랜덤 초대권을 발견하신 행운의 주인공분들 주목!

- 초대권의 앞면을 사진으로 찍은 뒤, 참석하실 분의 성함과 연락처(보호자 동반 시, 보호자 성함과 연락처 포함)를 함께 기재하여 아래 메일 주소로 보내 주시기 바랍니다. 그럼, 북 사인회 신청은 완료됩니다.
  gamtoon@naver.com
- 소장하고 있는 『파뿌리 직업 체험』 1권과 같이 동봉되어 있던 〈북 사인회 초대권〉을 북 사인회 당일에 지참해 주세요.
- 북 사인회 현장 당일, 메일로 보내 주신 정보를 확인 후 번호표를 배부해 드릴 예정입니다.

### 2. 북 사인회 당일 현장 선착순 도서 구매

랜덤 초대권을 받지 못하셨어도 실망하지 마세요!

- 북 사인회 당일 서점 오픈 후, 『파뿌리 직업 체험』 2권을 현장에서 구매하신 다음 영수증을 보여 주시면 번호표를 배부해 드립니다.
- 선착순 70명에 한해 진행됩니다.

### 북 사인회 유의 사항

- 초대권 당첨자는 참석하실 분의 정보를 꼭 메일로 보내 주셔야 북 사인회 참여가 가능합니다. (현장에서 보내 주신 정보와 지참하신 초대권 확인 예정)
- 초대권 당첨자분들과 현장 구매자분들 모두 도서를 지참하셔야 번호표를 받으실 수 있습니다.
- 『파뿌리 직업 체험』 도서에만 사인을 받으실 수 있습니다.
- 미취학 아동 및 초등학생의 경우 보호자와 동반해야 입장 가능합니다.
- 북 사인회가 종료된 후에는 본 초대권을 사용하실 수 없습니다.

**원작** 파뿌리 | **글** 김혜련 | **그림** 이정태
**초판 1쇄 발행** 2023년 12월 21일

**발행처** 겜툰 | **발행인** 송경민
**편집** 배우리, 이여진, 박은서, 정하얀 | **디자인** 김은혜, 김민영
**도움 주신 분** 샌드박스네트워크

**등록** 2011년 4월 15일 제 25100-2019-000014호
**주소** 서울특별시 구로구 디지털로33길 48, 1104호
**전화** 02-6964-7660 | **팩스** 0505-328-7637
**이메일** gamtoon@naver.com
**겜툰 출판사 카페** http://cafe.naver.com/gtcomics

**가격** 14,800원

ISBN 979-11-6844-093-7
ISBN 979-11-6844-092-0(세트)

ⓒ파뿌리. ALL RIGHTS RESERVED.
ⓒSANDBOX NETWORK Inc. ALL RIGHTS RESERVED.
본 상품은 (주)샌드박스네트워크와의 정식 라이선스 계약에 의해
(주)겜툰에서 제작, 판매하므로 무단 복제 및 전재를 금합니다.

\* 만화 속 인물의 모습과 색 등은 만화적 표현을 허용하여 어린이들이 이해하기 쉽게 제작하였습니다.